Formosa 發現台灣系列
圖文卷

Formosa 發現台灣系列
圖文卷

The Map of Taiwan Hakka

台灣

客家地圖

推 薦 序

　　作為一個社會學者和台灣客家人，族群研究對我而言一直是困難的課題。

　　身處多族群互動的社會情境，在某些層面，往往我們的意志、思考、價值都已經是族群社會、族群關係的產物，因此，族群研究多半難以避免成為族群政治的一部分；而學術研究卻又意味者要在一個阿基米德點上做客觀的觀察、描述或解釋。族群研究不但要在這種矛盾的處境中前進，甚至要有意識地在研究中自我揭露這樣的窘困，而避免讓研究本身成為一種有特定圖謀的政治活動，這是第一個困難之處。另一方面，對族群的掌握，往往必須以某些特定的描述為之，在變動、流動的森然現象中取其一瓢；這種工作不但要能禁得起一些關於本質論的批判，而且又要避免墮入不斷解構的虛無主義，這是另一個困難之處。

　　過去，我曾參與推動一些關於客家的研究活動和社會運動，也在一些範疇裡做了研究。在這些經驗裡，發現一些年輕輩的工作者反而能以健康而坦蕩的態度，避免了一些族群研究的地雷，並且提出令人欣喜的觀察角度和工作成果，《台灣客家地圖》就是其中之一。

　　近年來的客家研究，似乎慢慢有了一個初步的共識，就是從羅香林式的族群中心論走出來，而以更寬廣和包容的角度看到客家族群內部的異質性，更加關注客家與相關族群的歷史與社會互動，也更注意到經濟社會層面對客家文化的意義。也就是說，多元文化論的價值與現象論的方法，已經越來越成為客家研究和客家運動的主流，我認為這實在是非常可喜的發展方向。

　　以這本書而言，兩位作者有意識地避開「血統論」、「優越論」的迷思，從歷史社會和歷史地理的角度，帶領讀者發現台灣客家的豐富樣貌，他們的許多研究和看法，都足以打破其他族群乃至客家人自身對客家的刻

板印象。例如，一般印象中，客家人只是分布在桃竹苗、東勢和六堆地區，但作者以前人和自己大量的田野成果，補充了台北地區、宜蘭、台中與雲林、嘉義和恆春地區的客家分布。並且，在這個「導覽」的軸線上，同時發掘客家次分類（如四縣、海陸豐、饒平、詔安、大埔等）的分布與流動，客家與漳、泉、原住民乃至戰後外省族群等，在歷史上的衝突、合作與文化上的互動、涵融。這其中大量的細節、故事，鋪陳了色彩繽紛的族群圖像，像馬賽克般拼貼在台灣的地圖上，更像隨時流動變異的萬花筒。我想，這樣打破成見的寫作，應當可以讓普通客家讀者改變自我刻板印象而歷經一場成長。

我也想像，當一個非客家族群的讀者，原先企圖透過本書印證平日對客家族群的習見與印象，卻在閱讀的過程驚訝不斷，不但經歷了一場常識斷裂的過程，甚至反身閱讀出自我的族群位置。如果讀者能進一步與作者對話，尋繹作者隱藏的企圖，應當會欣然地延伸去省思族群關係，開拓自我的文化接納能力，而讓本書的閱讀經驗成為台灣多元文化運動的參與過程。

過去，關於客家研究的書籍，往往在強調「客家本色」的同時，將客家本質化為鐵板一塊，或在反污名的企圖下，將客家建構為另一種沙文主義。這樣的問題其實也是任何族群運動難以避免的危機。正因為這樣的危機感，讓我對本書兩位年輕作者的企圖和用心深為感動。雖然從學術的角度來看，本書的某些論斷容或有過火或缺漏之處，但在台灣族群議題紛擾之際，他們的確提出了極為值得閱讀與對話的課題！

我盼望台灣多族群的社會裡，還會有人持續努力這樣誠心誠意的寫作。

徐正光

二〇〇一年五月

作者序

　　十八歲時，平日我前往桃園市通學，假日偶爾和家人去新竹市走走，南北不超過這兩個縣治，之前的生活領域當然更小。另外，我知道向東穿過好多茶山、柑園，真正入山後會碰到泰雅族，西邊不遠處過了福佬人的村落就是海峽，東西兩側對我而言是「近而不親」。這個區域大抵是桃園台地吧，是當時的我，以及我父母親世世代代活動的空間。

　　十八世紀中葉前往北台灣的移民潮中，有一個來自閩南，卻口操客話的移民，帶著他五個兒子，到現在被劃為中壢市三民里的樹林山下開墾，這個人是邱國雙，我的來台祖。當地起初的寥落自「三座屋」的地名可想而知，但子孫繁衍後，儼然一個大宗族聚落。我祖父在一九三○年代可能迫於幾分薄田難以為生，舉家遷往新竹新湖口，這裡是縱貫鐵路線西移後的新興市鎮，家母即是世居於此的陳四源派下。湖口可以算是海陸客話北片的核心，大抵鳳山溪到社子溪間大部分的人都講這樣的話。除了我祖父的濃重福佬腔，以及每年返回三座屋掃墓、祭祖時，聽得半懂不懂、不是四縣也不是福佬的另一種話。讓我稍覺有異。

　　一直到大學時，才知道原來三座屋宗親說的是詔安客話，我講慣了二十年的海陸客話，其實是母方的語言，名副其實的「母語」，而非父系的「祖宗言」。原先就清楚講海陸的人比講四縣的人少，那時才獲悉自己更處邊緣，甚至如同研究結果，詔安客話已瀕臨消失，我是其中一員。

　　讀碩士時主修滿洲研究；一個一九一一年以前全盤支配政權的統治族群，到了我一九八五年的課堂上時，幾乎被視為死去的語言、消融的文化。而當時的台灣，政治社會改革運動聲勢已大，且延續至今，其間我們的身分認同漸由中國人轉化成台灣人，再被離心成「非」台灣人，因為語

言不是「台語」。殊為詭譎地,己身、所學與時代的三重節奏,我與所處的小環境、大環境,竟然異頻共震,如此埋下寫這本書最初的可能動機。

原來就有太多作台灣研究的朋友。加上三十歲前後開始,因種種因緣,被「拋擲」到宜蘭、嘉義、恆春、雲林、台東等地去作調查,在經歷十年的信仰與族群、組織主題後,腦海中竟浮現出一張潦草的台灣客家地圖,後來有幸結識鍾情於語言與社會關係的中杰,且逢貓頭鷹出版社規畫「發現台灣」系列,於是這本書終於具體成形。

中杰對這本書提出的初稿其實高於我的字數,我更要感謝他的毅然首肯與持續努力,讓這本書的完成成為事實。其中若干內容與觀點,有時我們彼此一致,但也有討論、爭辯甚至到彼此保留卻尚待定案的部分,現在則要請更多讀者來評斷。尤其,文字「神聖化」的時代恐怕過去了,擺在你面前的僅是兩個人的看法。

這是一本讀者要負相當大責任的書,因為我這個作者可能太失職了,而且在編輯過程中太偏執己見。但我還是要鼓勵你,因為想真正的認識台灣,就從發現台灣客家開始。

邱彥貴

辛巳四月

作者序

　　出生在本土議題未能公開討論的年代，只知道自己是個「廣東人」。雖然小學時已經常接觸香港的流行歌曲，早就明白香港、廣州人所說的「廣東話」，和我祖父、父親講的方言相當不同，卻沒想過自己為啥也算「廣東人」。有時家裡會收到「嘉應五屬」會刊，翻閱後依稀了解偌大的廣東省裡，有五個縣的關係特別密切；偶然間看到國中同班同學的籍貫表，發現這個五十人不到的小班級，嘉應五屬除蕉嶺縣以外全部到齊！原來我們「這種人」還不算少呢。

　　高一時經歷「還我母語」運動的震撼，才明瞭台灣各地都有一些說「客家話」的「客家人」，他們之中許多人所使用的「四縣腔」，跟我家的方言大同小異，差別的是他們來台兩三百年了，我只不過是來台第三代。猶記得大二那年，在美濃金字面山下，一位八十多歲的老農激動地緊握我的雙手，因為我們同樣姓吳，同樣來自五屬中的平遠縣。但當他問起「我係二十三世，汝係幾多世嗱？」我被問住了，因為過去不曾探索過自己的家族，只好胡亂應道：「二十七世」。心有靈犀，回家一查，發覺我還真的是吳氏入閩後第二十七世。

　　或許是高中時愛看國內第一個客語節目「鄉親鄉情」的關係，總覺得每周收看客家鄉鎮巡禮的單元意猶未盡；我這個生長於台北都會的城市鄉巴佬迫不及待地想去各地客家庄走走看看。就這樣一頭栽進客家社，大學同窗都說我是「客家系，工管社」，很少在工管系上出現，卻常在南北客庄間穿梭。

　　也或許我原是個「局外人」，不屬於任何一處客庄，更能敏感地意識到北、中、南、東部客屬語言文化歧異性。所謂「客家」也者，恐怕是個最大公約數的統稱，至於那些除不盡的餘數呢？怎樣算是「客家」的，怎樣不算？這個疑問引領著我，走上往後十年的探索之路。

　　第七小組工作站的鍾永豐、鍾秀梅、李允斐，帶給我豈止是水庫或是美濃，更將我推送上前，叩開走向大社會之門。在他們的鼓勵和督促之下，我嘗試將田野心得化為文字，台灣立報的專題追蹤版遂有霄裡、關西、美濃、客家女性等寫作的積澱。至於在客家語料方面的累積，大三時順利地在清大發表了論文，激發我繼續研究的決心。

　　隨著北市議員選舉，為客家候選人助陣後的挫敗，以及進入建築與城鄉所之夢的破滅，我還是回到長駐觀察的素樸田野；新竹小城北埔是我的中繼站。爾後在輔大語言所期間，和林欣慧合作的屏東平埔研究案，我跨出只鑽研客家的藩籬，欣賞島內另一個族群渾厚的生命姿態。

　　在鄭良偉、姚榮松等本土語言研究者的召喚下，來到師大華語所的我，更為積極地結合了學業和興趣。不唯台灣，夏威夷、馬來西亞、中國大陸的客家容顏，在此期間一一與我相遇。當然，相遇的還有閩客語學者張光宇教授，以及說出「中杰，我們要站起來」的張雅音，是他們激勵我到清華語言所繼續深造。在國際客家學會場外，主動向我「搭訕」的邱彥貴，怎知成了日後幾年客家研究上的親密搭檔，又怎知兩個人還會合寫一本客家的書？

　　一切似乎都是機緣，但卻又不只是機緣。想起《棋王》裡引的那闋宋詞：「少之時，我愛秦淮，事到頭來夢一場」，「更藥爐經卷，自禮空王」。

　　是的。秦淮夢一場，空王，猶當自禮之矣。

二○○一年五月

婦女髮髻／呂誠敏提供

湖口老街／呂誠敏攝

大正十五年八月二十七日
枋寮義民廟大祭記念

義民祭典／張福普提供

美濃舊景／李秀雲攝

菸草採收／呂誠敏攝

勤收力穫／李秀雲攝

畝間童年／李秀雲攝

上家下屋／呂誠敏攝

目次

第三章 他們和我有什麼關係？

第四章　**他們和我有什麼不同？**

第五章　**他們現在呢？以後呢？**

第一章

他們是誰？從哪裡來？

一般人似乎以祖先來自福建或廣東作為研判自我族群轄屬的標準，

也就是說，祖先來自福建者為「福佬人」或是「河洛人」；

而祖籍廣東者則是客家。這或許要歸咎為清朝的省籍觀念。

實際上，祖先來自福建者，並非全是福佬人，

反之，來自廣東的也不全然屬於客家。

以下，我們將對台灣客家的來源與時間做一個概括的描述。

發現客家

誰是客家人？孫中山一向排名第一。然而近年諸多證據顯示，這位在整個華人世界備受景仰的近代人物，不是客家人。

不管祖輩從何而來，在台北土生土長的你，一直就是被「下港人」視為「國語人」。偶爾會對看似不擅國語的歐里桑、歐巴桑，搭幾句福佬話的你，半夜裡或一大早在連鎖店名的豆漿店買吃的，卻會聽到老闆伙計間，用你不曾聽過的話對談，不是你熟悉的那兩種話……。這情形在配眼鏡、買中西藥時也會碰到，久了你才意會，他們是客家人。

你是竹科的電子新貴，偶爾到殘存在園區鄰近的三合院與山林間散步，黃昏中有那麼幾聲提醒老伴或孫子吃飯的呼喚，這是在南部長大的你未曾聽過的語言，反而將你帶回初到外國留學的情境中，一片陌生的話語世界……。久了你才知道，身旁有些同事也和他們一樣，是本地的客家人。

你是九二一震災後，投注心力於中部災區的志工，在台中的東勢、南投的國姓、中寮等地奉獻最直接的關懷。這些災民乍逢大難，困厄之間的呼喊你去傾聽，竟然不解。喔，原來他們也是客家。

你是媽祖的虔誠信徒，過完年後，總要前往有名的北港和新港媽祖廟燒香，各地前來的進香團陣頭、乩童精彩操演之間，偶爾卻見一群人湧入後全體下跪，為首的拿起一張紙就喃喃吟誦，靠再近也聽不懂……，除了和人溝通的語言不同，他們和神明溝通的方式也不同，他們也是客家。

你幾乎不太出門，也不會上網，更別提全台灣到處亂跑，電視快變成唯一的接收訊息工具。但是最近幾次來不及轉台的廣告中，聽到了肯定沒聽過的旁白。說的話，類似幾年前有個中央銀行總裁，好像姓謝，他被記者圍攏問匯率時說的國語，滿像更早以前那些老立委一樣，簡直需要翻譯！後來才知道，他

光緒《嘉應州志》中對客家的描述。

也是客家。

自高層到基層，從都會到鄉村，甚至在三條橫貫公路上，你都可以碰到這群人，這些聲音是「客家話」，說這種話的人，共同名字是「客家」。他們似乎沒什麼不同，平常隱形在你身邊，然而一開口發聲就是不同。但是，除了語言外，還有什麼不同？

他們之中可能有台灣的菁英、高層，比如說迄今兩位台籍的中華民國總統；但是也可能潛藏社會底層，出賣勞力甚至肉體。他們常被讚揚說具有勤儉美德，回頭卻也被貶為吝嗇小氣。外人說他們嘰嘰喳喳「自說自話」，很是團結；但自己卻常形容族群像一盤散沙，不成團體。他們常說無法取得政治資源，卻有近半的縣市長曾由客家人擔任。男女論及婚嫁時，福佬家長尚且擔心女兒嫁給客家人會吃苦；但社會統計結果明明顯示他們平均收入高於福佬。他們自認不善使用媒體、曝光度低；然而卻多人曾經做過報社總編輯、電視台董事長，甚至出了媒體大亨。他們自詡寧賣祖墳，不忘母語；但是「福佬客」到處都有，客家話也在搶救階段……。

他們可能是你尚稱和睦的左鄰右舍，甚至是和你生兒育女的枕邊人？但是在你父祖輩印象中，卻是偷牛堵水，甚至大舉來攻的強悍蠻人？親密或者敵視，每回說客家人時，提到的到底是你認識的、接觸的那個、那幾個，還是想像中的那群人？

客家話是不是「廣東話」？是不是我一定會聽甚至會說的那種？客家風俗會不會完全和我們的不同？有沒有「客家服裝」？或像「山地舞」一樣的「客家舞」？直接了當，他們是不是一個「民族」？在外籍勞工人口貼近台灣原住民總數的此際，你不得不質疑這些說你聽不（太）懂的話的一群人，是否也該被明確區別？然而我們想引用一個新穎點的名詞「族群」來形容他們；簡單說，「民族」指的是被國家「劃定」的一群人，有特殊的起源與身分，而「族群」則是說這些人「自認」他們和你不同，至少些微地不同，然而這些人真的如此嗎？

其實這也是我們和許多前輩、若干同好在努力探索的。所以從誠懇出發，兩位作者完成這本小書，相信不代表客家與你交心，但至少可以期待的是，作者所認識的台灣客家與你溝通。

誤解客家，認識客家

　　傳統華人或是漢族對於「人」的概念，很接近樸素或是初級的進化論，對其他的人不視為「人」，而把他們當成尚未演進的「前人類」，推演極至的結果是目中無人，或者說不太把「別人」當「人」。所謂「中國」對照「蠻夷」的「夷夏」觀念就是如此。尤其在現實生活中發生磨擦後，對於一個人、幾個人的不滿就會推而廣之，把「蠻不講理」的一群人看成蠻族。客家就是在這種情況下被認識，或說是被誤解為「蠻族」。

　　因此，一九三三年，一位因為喪父休學返鄉的研究生、不到三十歲的羅香林，從北平回到廣東的故鄉，寫出了《客家研究導論》，交代自己的族群身世，也建構出一套現在看起來不夠完全真實的族群光榮歷史：他們是古代數次戰亂中南遷的貴族後裔，說的是古代的正音雅言，而且在近代中國史，甚至世界史中佔有關鍵性的角色⋯⋯。

　　《客家研究導論》，以及前後許多客家學者的著作，或者只為了解釋與證明，客家並不是「少數民族」，而是漢族的一支，不要因為現實的糾紛，將他們視為少數民族，換句話說，就是還沒有進化完全的「蠻族」。所以就有了那麼值得標榜的高貴來源。

　　為何他們要證明自己是「純種的漢族」呢？中國與蠻夷的界線真的那麼清楚嗎？的確，當時廣州、汕頭或者廈門這一帶平原的居民，之前就知道這些人居住地區往更山裡面去，還有一些穿得花花綠綠、說的話也和他們幾乎一樣、女性也不纏腳的「土人」（現在被正式列為少數民族的「畬族」），因此答案就更肯定了。別人抹黑他們是野蠻人，他們自己誇口說是中原貴族？真相到底如何？客家是怎麼被認識或誤解的？恐怕需要全貌觀覽原委。

廣東梅州市民宅的馬背山牆，對台灣客家而言是全然陌生？還是似曾相識？

　　讓我們自現時現地脫出，跳躍時空，空間上飛到可以清楚鳥瞰長江和珠江之間亞洲大陸的高度，時間則倒回至十七世紀或更早些，先瀏覽當時底下的人群活動，再聚焦看清楚珠江與長江出海口之間，現在的福建、江西與廣東的情況。

　　在珠江出海口附近，就是廣州到香港、澳門之間，人口較多，日後被稱為「廣東人」或「廣府人」。沿著海岸北上，今天的汕頭、廈門一帶，幾條較小的河川下游也住了相當多人，他們是日後的「福佬人」或「學佬人」。而往內陸的山區看去，在福建西南部、江西南部與廣東東北部交界的山區，受限於地形，人口分布相對零星，住的即是以後的客家人。

　　這三種人可能說的話當時就不太相同，生活方式也應有所差異。但他們的共同點是，傳說中都是為了逃避中國北方的內部戰亂或游牧民族擴張，才自中原祖籍南下尋找新天地的。來到南方後，或多或少在血統和文化中，滲入了原來當地土著的因子。所以北方祖居地，也是政權核心所在的人，偶爾會譏嘲他們全都是蠻族。

　　依照歷史學與語言學的證據，日後的客家人似乎是比廣州一帶說廣東話、從福建泉州、廈門一直到廣東汕頭更南一些地區說福佬話的人，還要遲些才從中原移民南下的。但無論如何，他們都被國際間視為「唐人」或「華人」。

二十世紀末歸返原鄉，台灣客家多為了溯源祭祖，而罕求生活上的再聯繫。

　　之前北亞蒙古人的崛起，造成了從太平洋到地中海間，歐亞大陸大半地區的噩夢，等到世界秩序重整後，從蒙古人手中奪回政權的漢族，此後人口又再度攀登高峰。這幾種華人原本溫暖、濕潤的南方家園，有限的空間與資源終於在人口持續成長後，需要擴張或外移以解決承載困境。

　　客家既然在人口成長期之前，即處於先天資源的劣勢，在山區有限農地上耕作，最飽受擴張或外移的壓力。所以十七世紀晚期之後，就見到這批人由山裡頭外出至平原、港埠謀生，甚至冒險飄洋過海前往清朝新領土台灣打工。這群原本就比較晚南下的人，這時就被稱為「客」或「客家」。

　　原本這三種北方移民各自生活在自己的新天地中，不大接觸。靠海的廣東人、福佬人除了經營農業外，很早就成為東亞與中國史上最重要的國際貿易專家。而住在內陸福建、廣東與江西交界山區的一群——即日後被稱為客家的那群人，則一直以農業為主要維生方式。然而各自過活、相安無事的局面卻無法永久維持。

　　十七世紀晚期開始的移民潮，可說是客家的生存出路，但終究衍生成他們和其他集團間的緊張態勢。其間客家既然是主動者，自然常成為衝突對立的主角。十八世紀以來的台灣，閩粵省籍與福客族群情結交錯作祟下的分類械鬥，一直是官方揮之不去的治安夢魘。類似的「土客」衝突，在廣東、江西也讓地方官員焦頭爛額，加上撼動清朝政權的太平天國事件，是一批移民廣西的客家所發起的，於是一種敵視與鄙視的心理全面性開展。客家就是在此情況下，開始被誤解，也開始被認識。

經由東南亞導入廣東梅州的西洋風格建築，有別於台灣客家的和洋混血洋樓。

　　客家之所以被察覺、發現到被研究的原因，竟然是來自遭遇蔑視，不能不說是一種諷刺。在十九、二十世紀的中國，他們爭辯的是自己也是漢人，而此時此地的他們，要證明的是自己也是台灣人。不能不說是一種悲哀。

　　在漢人為主流的原鄉被看成不是漢人，而在台灣，說的話不是「台語」，「台灣人」和「客家人」被區別並列……，「客」這個稱呼，似乎既是這群人共同名字，也是這群人的宿命。然而你不能否認他就在你的周圍，或者值得尊崇，或者鄙棄視之；他可能是你的對頭，但也可能是你的朋友，甚至是嫁娶的對象……，但何不單純的，就將他或他們當作「人」來一般看待、瞭解？

福建西部汀州府馳名的「土樓」，但是這類建築並未隨汀州客家遷移來台。

廣東客家·台灣客 ──「客家」解釋名詞

若要問「客家」這個名稱從哪裡來？還真麻煩，因為「客家」一詞是「客家學」的研究核心問題。羅香林開啟的客戶說法，如今已證明有所偏差。而日後許多學者極力自字面推考，卻造成許多過度、甚至附會的詮釋。

若從文獻中觀察，這個名詞早見於清初，至遲在十七世紀晚期已經見到使用。二十世紀初的《嘉應州志》則明白告訴我們，「客家」一詞不是這群人的自稱，而是廣東省的首府廣州一帶，講廣東話的人對他們的稱呼。

台灣方面的紀錄則透露出福建福佬話中的說法，一七一七年出版的《諸羅縣志》，僅以一個「客」字來稱呼這批自廣東而來的移民。此後，大部分台灣的地方志都以「客人」、「客子（仔）」或「客民」等冠上「客」的詞彙來稱呼他們。由於台灣設省已經是十九世紀晚期的事，之前一直屬於福建管轄，所以這批來自廣東的「外省人」，一直被視為「客」。

來台灣的廣東人可以被福建人看成是「客」，但是廣州人也用「客」來稱呼同一個省份的人，所以「客」的標籤就應該是較早就貼上的。

由於廣州是大半個清朝唯一的國際貿易港口，所以這個詞彙也被音譯進入歐洲各語言，外國人也循著廣州人的叫法，稱他們作Hakka。然而也不是所有從福建、廣東與江西交界山區移出的人都被別人以「客」為稱，搬到廣西的被叫做「來人」，而遷居四川的則被視成「廣東人」，說的話是「土廣東話」，但是這種「土廣東話」和香港、廣州人的「廣東話」絕對不通、不同。江西南部講的都是客家話，但是住得較久的老居民不認為自己是客家，認為較晚從廣東、福建搬來的才是。

所以客家不是全部都被稱為「客家」，只是對講這種話的人的稱呼之一，只不過這個詞彙的使用者廣州人最具主流態勢，也隨之進入歐洲語言，與成為中文詞彙。

日本統治台灣時期，雖然已經從中文輸入「客家」這個詞彙，但連官方正式的場合、文書也不太常使用。台灣本地的客家且一直以「客人」自稱。直到國府遷台後，國語成為主流語言，「客家」一詞才真正普遍化。

有趣的是，由於在廣東話、福佬話與客話中，「客人」一詞專有所指，所以真正的客人（guest）反而都被說成「人客」。

廣東＝客家？福建＝福佬？

台灣男性傳統的裝束實在難分福佬客家，但婦女則不然；一雙天足與特殊的髮髻，毋需開口已一目瞭然。

　　一般人似乎以祖先來自福建或廣東作為研判自我族群轄屬的標準，也就是說，祖先來自福建者為「福佬人」，或是「河洛人」；而祖籍廣東者則是客家。這點或許要歸咎於清朝的省籍觀念，以及化約後的分類。由於客家大部分來自廣東，而清代大半時間台灣歸福建管轄，所以客家就被全數模糊歸類為廣東籍。

　　到了日本統治時期，將「本島人」，即台灣人（不包括高山族與平埔族兩種原住民）也作如此區分。在戶籍的種族欄中，大致將漢人分為福建與廣東兩類，也意味他們就是福佬與客家。這種官方分類也就漸漸成為通行的一般觀念。

　　實際上，祖先來自福建者，並非全部都是福佬人。因為清代福建轄下的汀州府全屬客家地區，所以來自該區的移民，其實全都是客家。而日本時代統計中佔台灣人次高比例的漳州府移民後裔，其實也包含不少客家人。所以一般使用「閩南人」這個詞彙，去指稱結合漳州府與泉州府為「閩南」的福佬族群，其實語意不夠準確，因為本書的作者之一就是祖籍閩南的客家人。

　　反之，來自廣東的也不全然屬於客家。因為在廣東東部的潮州府，其實最高比例的人，講的仍然是近似福佬話的「潮州話」或「潮汕話」，客家在此也是少數族群。不過清代移入台灣的潮州府移民，大部分都是客家。所以「粵東」這個詞彙兩三百年來一直跟隨著台灣客家。

　　因此，祖籍廣東不一定代表是客家。而祖籍福建的你，若祖先是來自漳州府的南靖、平和、詔安或雲霄，有可能也是客家後裔哦。但是也別推論太過，將所有的漳州府移民都視為客家！

　　對於台灣客家的來源與時間，以下的篇幅我們會有逐一的陳述，先要提醒的是一個總括性的輪廓。在清代的江西與福建、廣東交界山區的居民，十七世紀晚期以後，因為生計因素陸續外移。而來到台灣的，幾乎沒有例外的屬於福建與廣東兩省移民，源自江西的客家，則似乎未曾發現。而且，即使來自福建、廣東，也有集中某些府州的趨勢，府州以下的縣份，也有集中的情況。依照現今研究的成果，我們簡要整理出以下表格。

清代台灣客家移民主要祖籍來源表

省 份	府 州	縣 份	備 註
福建	汀州府	長汀、上杭、武平、連城、永定	俱為純粹客家地區
	漳州府	南靖、平和、詔安、雲霄	俱為部分客家地區
廣東	嘉應州	嘉應（梅縣）、興寧、長樂（五華）、鎮平（蕉嶺）、平遠	俱為純粹客家地區
	潮州府	大埔、豐順	俱為純粹客家地區
		海陽（潮安）、潮陽、揭陽、普寧、惠來、饒平	俱為部分客家地區
	惠州府	海豐、陸豐	俱為部分客家地區

＊括號內為現今地名

　　這個表格提醒的內容，可能要你去翻閱族譜，或是從年老的祖父口中追溯查證，這些古老的記憶和現實生活中的你，其實無多大切身關連……。你想知道的是，他們究竟是誰？他們在台灣的哪裡？和我有什麼關係？有什麼不同？現在如何？以後呢？在用這本書解答之前，我們先來看一個人的故事。

誰和荷蘭人一起來台灣？

　　許多人的祖先據說是和鄭成功一起來台灣的，他們幾乎都是福佬人。客家人則向來被看成「比較晚」才來。但是，據德國史學家Riess研究荷蘭史料後發現，荷蘭人剛來台灣與原住民溝通時，大多是由客家人居間翻譯的。且因為來台甚早，所以他們講的客家話，已混合了台灣原住民說的南島語。

　　荷蘭時代真的就有客家人入居台島？由荷蘭人殖民印尼的紀錄中看來，客家人沒有缺席，因為荷蘭人雇用許多客家的技術性農工藉以開墾該地。因此，可能荷蘭人也同樣帶了一批客屬農工來台。所以，客家人比福佬人較晚來台灣的說法，值得商榷。

「偓姓絲」──絲燕霖和他的家族

絲燕霖先生
（右）與作者吳
中杰合影。

穿梭在雲林縣二崙鄉北邊濁水溪的舊河灘地上，福佬與客家的聚落犬牙交錯。一群人在大樹下、福德祠前行棋。友伴憑直覺停下車來問訊。就這樣，我遇到了絲燕霖。「偓姓絲」（「偓」是客家話最常見的第一人稱，等於「我」），年近六旬的健碩男子介紹自己，一口地道的四縣客話。

從初識到深談，由陌生到熟稔，他的家族故事逐漸明朗……。

絲燕霖的先祖，是住在濁水溪彼岸彰化縣芳苑鄉內，原名「番仔挖」地方的平埔族。清朝時，泉州同安福佬洪姓人大量入墾該地，為了「不要和別人不一樣」，他的祖先決定把漢姓也取作洪。當然，這些「洪」家人現在說的已經是福佬話了。到了他祖父的幼年時代，一天村裡來了個陌生人，說苗栗南庄山上的「番王」沒有子嗣，想要收養個男孩，想必風頭水尾的偏僻海濱，這樣的機會比較容易尋得吧！「洪」家因為窮苦，一口答應將眾多孩子中的一個送人。於是，還是個孩童的祖父，就到了和原本生長環境完全不同的苗栗南庄。這裡群山環抱，雲起嵐落，冬天還會飄霜。

南庄賽夏族頭目從清代以來，常有收漢人為養子的舉動。縱使是養子也可能入繼大位，如著名頭目「日阿拐」，原是收養自張姓客屬人家（請參看本書第85頁〈中央山脈的主與客〉）。另一位頭目以其賽夏語名字之近音，取漢名為「絲卯乃」。然而，漢人本無絲姓，於是，「絲」這個漢姓，卻又始終標記著他們的賽夏身分。

絲卯乃沒有子嗣，收養了三個「moto（漢人）」男孩，其中之一便是絲燕霖的祖父。絲卯乃給這個遠自彰化收養的男孩起名為「絲大尾」，之後大位也傳給了他。大尾的長子絲金英，戰後曾任兩屆南庄鄉長。在客家已居多數，賽夏轉趨少數的南庄鄉，絲金英的當選說明了他的人望。「他是我大伯」，絲燕霖驕傲的說。

雖是負有名望的頭目家族，但因不善理財，家境並不寬裕。適逢日本時代，西螺詔安客富戶廖裕紛（請參看本書第61頁〈西螺七崁與詔安客〉），成立農墾公司「布嶼株式會社」，積極開闢雲林二崙、崙背北邊，濁水溪畔的舊河床。此時桃竹苗人口繁滋，卻又山多田少，自有另謀出路的焦迫，而前往布嶼正是一個好機會。對廖姓頭家而言，偏好雇用桃竹苗客家人的原因無他；工

資比較便宜，又有經驗和技術，去對付石質河床的坑坑疤疤（請參看本書第135頁〈客家移民來到雲嘉南〉）。

於是，大尾的另一個兒子，也就是絲燕霖的父親，帶著新竹北埔娶來的妻子，跟隨這批桃竹苗客家的移民隊伍，來到雲林二崙的庄西村落戶開墾。

這裡依傍著濁水溪，這條河出海口的另一邊不遠處，就是經日本人改名為「沙山」的番仔挖。世事多變，絲大尾誕生在番仔挖，孩提時代跨過小半個台灣前往南庄定居，一代人後又折返南下另覓天地。在此新故鄉出生的絲燕霖，隔著夏天浩浩湯湯的溪水與冬季飛砂走石的河灘，父祖之鄉就在對岸。

絲燕霖的雙親，彼此間對話用的是「海陸客話」，這是大部分北埔人和南庄人的共同符碼。同來開墾的鄰居中，雖也有講「饒平客話」的，但是從苗栗搬來的，說「四縣客話」的卻更多（請參看本書第46頁〈四縣客家與客語〉、49頁〈海陸客家與客語〉、60頁〈饒平客家與客語〉）。所以他自小就會四、海雙語。小學時，向隔壁大庄村來的同學，學會了福佬話。偶爾也會碰到從二崙南邊那些老聚落來的李姓、廖姓人，說的是「詔安客話」，真不好懂，他只能聽個五、六成，最後，只有改用福佬話交談。「我們是『正客』（正統的客家），他們是『漚客仔』（腐朽的客家），所以話很難懂」他如此自信的表示。

有幾次，他跟著父母回到南庄探望年邁的「番王」祖父。祖父抽著長長管子的旱煙，忙不迭地叫小孫子添菸絲。「阿公，我想學『番話』，您教我好嗎？」小小的臉龐仰望著阿公。

阿公淡淡地吐了一口煙道：「『番話』學了沒用，我們講客話就好。」阿公始終沒教他賽夏話。到現在，他唯一會說的一個賽夏字，就是tamaku（菸絲）。熟諳外國語的你，會認為這是日語或英語，但恐怕真正的來源是美洲。

一個活潑可愛的國中男生背著書包衝進門來，將我們的思緒，從南庄的往事煙雲中拉回。「婆太、阿公，𠊎轉來咧！」男孩一口漂亮的海陸客話，愉快地向絲燕霖母子倆招呼。一晃眼，當年在礫石灘上，打拼墾田的北埔新娘，早就做了婆太（曾祖母），而曾仰望著阿公的孩子，自己也做了阿公。

絲燕霖轉身改用福佬話，和身邊的友伴熱烈地聊著。我在一旁，又出了神。我想的是，絲燕霖到底是「什麼人」？是彰化平埔？苗栗賽夏？客家？福佬？還是一度變成客家，現在又變回來的福佬人？他自認是「正客」，和我交談是流利的四縣客話，使我恍如置身苗栗，卻又為何腳踏的是二崙詔安客頭家的土地？我真的糊塗了，迷亂中有一點卻相當地清楚：這迷離複雜的身世，不就是滿像台灣的嗎？

【第二章】

他們在哪裡？

—— 二十世紀以前台灣客家的分布與分類

現在你身邊的客家朋友會告訴你，

他來自桃竹苗、東勢或者是「六堆」。

但是在二十世紀開始以前，客家卻是從台灣頭分布到台灣尾。

以下我們即引領你進入，一九〇〇年以前的台灣客庄。

塗庫街過

原籍廣東□

芬御座前

臺灣省嘉義□

達祖公派下三房祖□

宗孔文元良

可傳萬世

下陶唐□□

化日皇風布

穆洪都派上洪都源□宗□

服□洪都派上洪都源□宗□

東宗□□

大斷□□

更邦□□

成

北部台灣

- ■ 北海岸
- ■ 台北縣市
- ■ 蘭陽平原

我們所居住的島嶼，靠北的一端大半年總是雨霧籠罩，潤澤北海岸、大台北都會和蘭陽平原的芸芸眾生，且讓我們撥開歷史煙塵，瀏覽其中大部分來自福建的客家人。

大漢溪

宜蘭市　員山

宜蘭縣

宜蘭縣

蘇澳

陳丁

大興

冬山　大興

羅東　北成

順安

丸山

得安

淋漓坑

三星

天送埤

蘭陽溪

豐連埤　圳頭

粗坑

大同

松羅

東澳

南澳

南澳北溪

南澳南溪

和平溪

和平北溪

和平南溪

中山高

北二高

省道

鐵道

縣界

直轄市

省轄市

鄉鎮

村里

山

湖

●北海岸
北海岸的客家身影

細讀鄞山寺內的石碑文字，從中可探索北海岸上汀州客屬宗族名單。

在「台灣頭」的北海岸，包括淡水、三芝、石門一帶，這個區域的客家移民主要是來自福建西南部的汀州府。汀州府所屬各縣全是多山的內陸地帶，交通不便，土地貧瘠，峰坡陡峭。在這樣艱困的環境中，居民應用夯土的高度技術，建起一座座高大的圓形或方形土樓，聚族而居，這就是最富盛名的「客家土樓」，其中以永定縣的圓樓最為發達，參觀者絡繹不絕，台灣北海岸的客家移民，許多就是這些土樓建築者的後代。

汀州府各縣遷來台灣北海岸的移民，人數最多者首推永定，有江、胡、蘇、李、徐、游、鍾等姓，其中以江姓為數最多。永定江氏家族龐大，明朝時即分成東山、北山、南山三大房派，各派下子孫來台者也多，南山派下的江由興在三芝立足後，又開創了「圓窗派」。

有「台灣交響樂之父」美譽之稱的江文也，就是三芝地方的永定江氏。前總統李登輝本身的祖籍亦是永定，而他的母親也是來自江家。李登輝在接見日本著名的人類學者國分直一時，曾告訴國分教授說自己父母雙方都是客家人，但從未和他講過客家話，因此他完全不會說了。

除了永定移民之外，北海岸的客家移民也有來自汀州府其他縣份的。這一帶有兩個較特殊的姓氏：「練」和「華」，練姓來自武平縣，華姓來自上杭縣，清代著名的文人畫家群——「揚州八怪」之一的華巖，就是上杭的華姓。台灣的練、華兩姓，絕大多數出自北海岸。

「定光古佛」是汀州府的代表性信仰，淡水學府路上的「鄞山寺」，即是以定光古佛作為主神，兼充汀州人來台暫住的會館。

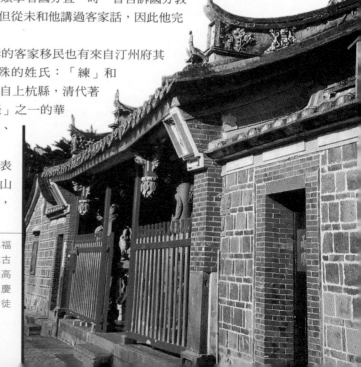

北海岸上的汀州客話音聲已緲，但永定江氏所開設的「茂興店」地名猶存。

一八二三年創建的淡水鄞山寺，主祀福建汀州客的鄉土神定光古佛，定光古佛俗家姓名為鄭自嚴，是北宋時期的高僧。定光佛的祖廟為武平縣南安巖均慶寺，乾隆年間重修時即有來自台灣信徒的捐款。

汀州客家與客語

位於福建省西南部的汀州府，清代共轄有八個縣，全屬客家地區。台灣的汀州客家主要來自永定、武平、上杭、長汀等縣份。

汀州客語在整個客家話中，算是比較特別。具體的說，一個台灣花蓮的客家人，跟一個遠在四川華陽的客家人，語言雖有差異，但仍可溝通。但如果跟距離算近的汀州客屬通話，反而彼此都感覺十分吃力。而且汀州府的客語，至少有六十多種方言，有的還可以互相聽懂，有的根本不能對話。在台灣現存相當少數的汀州「永定客語」，也並不統一，每個地點或家族說的仍有差異。

與其他客話比較，永定話自有其特色。其他客話讀「水、睡、稅、唇」等字時以 s 發聲，永定話卻讀 f。第二人稱「你」，一般客語說ngi31，永定說han31或hen31。此外永定話稱祖父為「阿爹」，而非一般所說的「阿公」。

淡水、三芝、石門的汀州客語目前流失殆盡。例如淡水的江、胡、蘇、練、徐、游六個家族，筆者藉由鄞山寺定光古佛誕辰，老一輩齊聚的機會往訪，發現沒有人能用客語交談。三芝鄉方面，語言學者洪惟仁在一九八六年只找到兩位江姓老人還會說永定話。石門鄉經呂嵩雁的調查，發現光復初期武平客語在當地還不是很難得聽到的語言，大量流失是在近三、四十年。

然而，北海岸客語的殘跡仍歷歷可見。如淡水的鄧公里、鄧公路地名皆來自鄞山寺所奉祀的定光古佛，雖然定光古佛並不姓鄧。這是因為永定話讀「定光」為t'en55 kong22，當地福佬人依據其發音，以為「定光廟」是「鄧公廟」（tenn-11 kong-33 mio33），以訛傳訛造成了現在的地名。三芝的汀州客屬還有民主公王、東峰公太等鄉土神明。其中「東峰公太」之名格外顯現客語的特色。因為永定話稱曾祖父為「公太」，福佬話則說「阿祖」。

現存永定客語比較多的地方要算是桃園龍潭的銅鑼圈台地周邊，其次是桃園平鎮的關路缺，八德的霄裡、新竹湖口也有少許。以上地區的吳、余、謝等家族還有人會說，但說得流利的年輕人已是鳳毛麟角。

除北海岸外，汀州客屬可說是散布全台各處，這點從地名可以看出。如台北石碇、屏東九如的「永定坑」，台中南屯、雲林二崙都有「永定厝」。另嘉義大林的溝背，是永定江氏的單姓村。以「背」指稱「後方」亦為客語地名特色，福佬人則會叫做「過溝仔」。嘉義新港的「大客庄」有永定魏姓和上杭江姓，而「菜公厝」其實是「姓江厝」，居民全為永定江氏。嘉義地區為數最眾的永定客家，除了江氏外，最知名者尚有「劉文科公」派下，劉文科約於一七四〇年來台，如今三大房子孫遍布嘉義縣。南投竹山的峒窯聚落，有「南投第一窯」美稱，窯廠為永定廖姓所創建，並沿為地名。宜蘭蘇澳的隘丁城也是汀州客集中的聚落。

●台北縣市

客家出入大台北

北海岸上的汀州客家以永定江氏最為醒目，他們在今天三芝鄉的各處經營農墾有成，傳說中當地最早的雜貨舖「茂興店」，就是由舊莊的江懷品所開設，生意十分興隆，江氏子孫務農業商，家業蒸蒸日上。然而禍福無常，一八二五年的某個深夜裡，一具無名屍被丟在店後圍籬下，他們思來想去分明是遭人栽贓，但卻百口莫辯。無奈之餘，當時的家長江聚南只好匆匆拋棄三代人經營的家業，投靠今天中和南勢角附近的岳父，淪為佃農。我們也就隨同他們溯溪而上，來看新店溪畔的客家故事。

避難來到南勢角附近牛埔的永定江家，發現有姓游的同鄉來這裡作佃農。後來還有一些姓呂的也來了，說的話和他們有點像，但還是講不通，搞清楚後才知道他們是從漳州詔安來的。

當時從南勢角還可以看清楚新店溪對岸的蟾蜍山，山下早在十七世紀末可能就有廣東潮州大埔的廖姓人氏來開墾，後來福建泉州安溪人也來了，兩造糾紛不斷，官府就把土地充公，讓大家都當官家佃農。今天從公館再過來點的師大分部附近，就是當時這批客屬開闢的土地。

十八世紀中葉創建的五股西雲巖，是由淡水河南岸的永定胡氏所締建的古老寺廟。

過景美橋來到大坪林，這裡在一八七五年時還被列為是粵莊，但現在卻找不到任何客家遺跡，有點令人疑惑。但是新店老街區的蕭、羅家族來自廣東嘉應州，確確實實是客家。過碧潭橋往安坑去，這個應該寫成「暗坑」的客語地名下，無論從頭城到五城，都是漳州詔安官陂廖姓、秀篆游姓客屬開闢的土地。日後新店溪兩岸沒有變成客庄，或許除了福佬人越來越多之外，這些早先入居家族說的客話各不相同，無法溝通，也是原因。

汀州客屬江氏分布在淡水河北岸與新店溪流域。而淡水河南岸的平原上，今日北縣的新莊、泰山、五股等地，則見另一批汀州與其他客屬的拓墾足跡。

十八世紀初期，由汀州永定胡姓組成的「胡林隆」墾號，以及廣東饒平客屬劉和林家族，開墾了觀音山腳下水泉豐沛的地帶，範圍北起今天三重市頭前里的頭重埔，南至北桃交界的丹鳳、迴龍。永定胡氏自清代至今都是泰山的望族，一七六〇年代他們就建立了北台灣最早的學府——泰山的明志書院，以及新莊街上的關帝廟、五股名剎西雲巖寺。目前泰山鄉十四個世居大家族之中，有五個屬於客屬。除了永定胡姓外，還有大埔黎姓、饒平林姓、嘉應鄧姓、陸豐張姓。饒平劉家則以五股為開發重心。

當然這時台北盆地周邊的八里、林口，也還有少量的客家分布。若溯大漢溪而上，沿岸的樹林、鶯歌、土城、三峽也常見客蹤。

當代的幾位客屬名人，祖先渡海來台後都曾在大台北地區居住過。政界的許信良，先世在三芝居住，後來才遷往中壢過嶺。所以當李登輝與許信良分任國民、民進兩黨主席，初次晤面會談時，兩人就從「同鄉」關係聊起。另一位是作家鍾肇政，鍾氏家族原先入墾樹林的柑園、西園等里近七十年，後來才南遷桃園龍潭。

許、鍾兩家族的例子，以及更多桃竹苗族譜中的遷移故事都告訴我們，其

過新店碧潭橋往安坑一路行去，眾多新興住宅區中，仍存留詔安客屬所創立的頭城到五城的「內五張庄」老地名。

坐捷運遊台北舊客庄

歷經好些年的交通黑暗期，陸續通車的捷運，不僅是大台北都會動脈，也成為另一種觀光路線。

不妨用捷運來進行一趟十九世紀台北客家回溯之旅，所以你前往淡水看夕陽，別忘了去鄞山寺尋訪汀州客的蹤跡，這條路線的另一端盡頭是新店，好湊巧，也是一個舊客庄。而且過公館站後，萬隆、大坪林等站也是客蹤隱隱。

若你搭的是北投南勢角線，在景安站附近有客家的游姓宗祠，終點南勢角有好多汀州與漳州客家在此，可惜現在都已不會講客話。

東西向的南港板橋線還沒全部通車，日後可自溪子、土城站下車，找尋東峰公太、三山國王等客家相關神明。至於在木柵線上的南京東路站，記得俯瞰東側的中崙一帶，那裡可是饒平客家的故地。

實不少客屬都曾在今日的台北縣市居住過。不過，十九世紀上半葉的分類械鬥，卻使得許多客屬南遷，匯集在桃竹苗的同鄉之中，使桃竹苗形成現今台灣最大的客家領土。

「老台北」是由泉州三邑人的艋舺、同安人的大稻埕與官方建立的城內三個市街為基礎所形成的都會，後來將士林、北投、內湖、南港、松山、文山等鄉鎮合併，升為直轄市。

基隆河以北的北區以福建漳州移民為主，因此不少漳州客家潛藏其中，隨著時間的推移，幾乎難以尋覓。但是舊的劍潭寺前，還有十八世紀末的漳州詔安秀篆游姓客家捐獻香油田的紀錄。而根據一八七五年的官方檔案資料，士林、北投一帶的客家還不少。

新店安坑路二段上的二城潤濟宮，主祀三官大帝，為詔安客屬張廖所倡建。是頭城到五城所謂的「內五張庄」信仰中心。

祖籍廣東潮州饒平的陳姓客家是最早進入內湖的漢人，建立頂陳、下陳兩個聚落；家族如今分居內湖與桃園。內湖另有來自廣東嘉應州鎮平的黃其滯入居，後來部分後裔遷往苗栗頭份。時間的過往加上空間的移轉，使得陳、黃兩家人變成有些是客家，有些是福佬。

中山區舊地名為中崙、朱厝崙、東勢角一帶，今日已成為八德路、光復北路、北寧路、南京東路間的繁華街廓，此區原先有廣東饒平劉姓入墾。松山老街區舊名錫口庄，有嘉應州鎮平的張姓入墾致富，並捐出田產建立新莊老街上的關帝廟。他們後裔的去向，至今還是謎團。

萬華區興德里原名「客仔厝」，現在當地居民認為這個地名是「客棧」之意，否認跟客家移民有關係。但實情恐非如此。

可能隱形或遷移，但是歷史沒有遺忘這些台北的早期客家。

台北市東區高樓大廈環伺的東勢角福安宮，淵源當溯及來此拓墾的饒平客家劉氏。

●蘭陽平原

蘭陽平原，處處客蹤

冬山的丸山所供奉的粵東先賢祿位，見證客家在此地的拓墾歷史。

　　來到宜蘭，細心的你會發現有兩類地名實在吸引人。其中難以理解的，諸如武暖、羅東、利澤簡等，是來自原住的噶瑪蘭族舊名。另一種加上數字的：四城、壯五、十六結等呢？則令人想起眷村：精忠三村、台貿五村、建國卅六村。

　　的確，一八九六年吳沙率領漢人進入蘭陽平原的方式，有點類似一九五〇年代以後國防部安置退除役官兵。當時入墾的最小單位「結」，是由若干家戶組成，依照組成一一編號後就沿用為地名。由於吳沙是漳州福佬人，所以他所招募的大都是同鄉。不過這些「同鄉」倒不一定是「同語」；其中有相當數量是來自詔安、平和、南靖的客家。所以，幾個全數為客家組成的聚落，就被稱為「客人城」。但其他的城、結、圍之內，也包含不少客家，而且這種情況可說是遍布全宜蘭。以歷任宜蘭縣長為例，恐怕有一半是漳州客家後裔。

　　但是宜蘭最早也有來自廣東的客家，當時親自治理過當地的楊廷理，就曾提過一八〇四年以後，廣東移民都漸次移居蘭陽溪以南了。的確，到今天在羅東鎮的北成、冬山鄉的丸山、大興、得安、順安等地的庄廟中，都有粵籍開拓先賢的牌位。知名的竹北六家林氏更曾到冬山做過農業投資，所以冬山街上的媽祖廟內，還供奉林氏功德主香位。

　　究竟有多少比例的客家隱藏在蘭陽，實在難知。但若碰到姓游、李、黃、廖、賴、簡，甚至姓陳的宜蘭人——這些也是當地的大姓，他們「酸酸軟軟」的宜蘭腔裡，恐怕帶有不少客腔吧。

冬山鄉東城村的林吉記、林寶春圳分水閘門。林寶春圳為一八一二年由林國寶派下等人開通，林國寶為新竹竹北的六家林氏第三房，其父即林爽文事件中義民領袖林先坤。

立於羅東鎮北成的客人城舊地名石碑。宜蘭縣全縣散布漳州客家，但各地比例不一，全數說客話的聚落就被稱為「客人城」。除了北成之外，礁溪林尾村也有客人城，此名稱也見於花蓮、台東。

桃と力園

地區　■桃竹苗台地　■河谷桃竹苗內山區

清代的「北路粵莊」到今天仍然是客家，
而且是台灣客家最大的版圖。所以你在桃竹苗的鐵路、
高速公路上呼嘯而過，或者在台三線上漫遊攬勝時，
車窗外曾有這些故事發生。

桃園縣

新竹市

南崁

桃園市

大園

平鎮

八德

中壢

龍潭

銅鑼圈

關西

觀音

大牛欄

新屋

桃櫚

楊梅

新埔

竹東

埔心

埃頭

湖口

六家

竹北

寶山

北紅毛港

新竹縣

苗栗縣

▲五指山
●五峰

南庄 ●向天湖

大安溪

三灣

後龍溪

獅潭

造橋

後龍

苗栗市

銅鑼

大湖

公館

卓蘭

三義

鯉魚潭

西湖

通霄

苑裡

中山高
北二高
省道
鐵道
縣界
直轄市
省轄市
鄉鎮
村里
山
湖

◉桃竹苗台地、河谷

義民故事 桃竹苗客家的定居起點

　　在台北火車站，搭上二十世紀末已少見的普通列車，自中壢以下，你會發覺上下車的乘客，開始用你不熟悉的語言對談，接著列車長來驗票時，也自然而然地加入他們的話題。是的，縱貫線鐵路的北段，有太高比例的客家員工。

　　這種情況在新竹到竹南間似乎少見點，但火車轉入山線，各大小站上上下下的乘客，讓人再度回到那個陌生的聲音世界。隨著隧道與陽光的切換，車行的節奏會同那些調笑或低語，兩個多小時以來，感覺已成經驗，你不再生分。火車衝出最後一個長隧道後，大安溪使中台灣迎面豁然開朗，那些話語的頻率驟然低落……。是的，從中壢到三義，你剛經過現今台灣最大的客家區域。

晚近詮釋林爽文事件與義民的巨幅千號油畫（局部），作者為新竹當地畫家呂誠敏。場景係拼貼與重組歷史事件，圖幅左側為林爽文大里根據地，右側為義民，黑旗前方持弓箭者為竹塹社平埔族。

　　時光倒退三百年，一七〇〇年時一位叫郁永河的先生為了往北投採硫磺，途經竹塹到南崁間，當時不但沒有半個人影，連樹都沒有！而今天行經路線略異的高速公路，新竹到南崁之間，所見為何？

　　「南崁」三百年來地名不變，「竹塹」現在已經是新竹了。然而最大的差別是，現在你所見的是台灣客家的最大版圖，而郁永河所見的是平埔族的獵鹿場。

　　的確，原先這裡是平埔族的生活空間。但是郁永河路過之後，這批原住民無憂無慮的自主世界已屆終點，清朝政府開始向他們開徵人頭稅。幾個福佬人消息靈通，要求平埔族出讓獵鹿的土地供作他們的農地，以換取現金實物納稅。後來獵鹿場化為農場的面積日漸擴大，人工需求也日益急迫，但泉州頭家引入的農場工人卻以廣東來的居多，或許這是因為時鬆時緊的政策所致。因為

由福建巡撫徐嗣曾頒授給義民的「劄付」（贈勳證明書）。當事人戴華元來台後原在台北新莊開墾，在卅五歲時率領鄉親征伐林爽文，凱旋歸來，落地生根，成為新竹橫山沙坑戴家的來台祖。

當時台灣屬於福建管轄，若沒有官方的認可，廣東人算是非法移民，工資應該相對低廉。今天桃竹苗的客庄故事，主要就從這些春來秋去的農場工人開始。

然而到了一七八六年，中部爆發了聲勢席捲全台灣、嚴重動搖清廷統治的林爽文事件，乾隆皇帝派遣親信福康安代表他御駕親征，島內則主要仰賴臨時組成的義勇軍防堵。事變平息之後，南側的諸羅縣蒙皇上恩賜，改名「嘉義」。而北部的這批廣東農場傭工呢？且讓我們聚焦凝視。

早先漳泉福佬，也就是福建的「本省人」，稱呼十八世紀中期前後來台的外省廣東傭工為「客子」，因為他們是像候鳥一般的季節性移民。林爽文事件發生後，這些傭工經由頭家與官方的號召，放下鋤頭執起武器，打起黑色的旗幟，組成義軍前往中台灣作戰，或者留在北台灣捍衛自己開墾的土地。

他們可能未曾意料自己會在台灣安身立命，但是卻在這次戰爭中意外的埋骨斯土。活著歸來的領受了皇帝的一紙誥封詔書，而死去的人呢？一牛車一牛車的遺骸從戰場運回，車上的屍體原先是和自己協力並肩耕作的親友，或是家小遠隔海峽盼望歸來的同鄉。無奈之餘，存活者為陣亡者舉行了一場公共喪禮，將他們埋葬在今日苗栗與新埔兩地，並且以乾隆皇帝給予廣東人共同的嘉獎名義「褒忠」為號，為他們建廟舉行祭祀。

泥磚覆瓦求蔽雨遮風，到底也是安身立命。桃竹苗不少客家屋舍仍存古樸風貌。

幾年後好消息傳來，官方批准執行「番屯制」，客屬可以直接向平埔族頭家取得土地拓墾權利。於是乎這些原先漂漂浪浪的廣東傭工，開始合法的定居、開墾。一個個存活者成為後世子孫的「來台祖」，而那些為大家爭取到種種權益的犧牲者就成了「義民爺」。感念及此，子子孫孫延續了十八世紀末年的集體性悼念，演變成北台灣客家特有的義民信仰。

到了十九世紀末，北台灣四處義民廟的所在地：苗栗、頭份、新埔、平鎮，剛好就是客屬的人口重心。如今輪值新埔義民廟中元祭典的「十五大庄」，範圍為新竹縣全境與南桃園濱海地帶，恰為海陸客話最通行的地方。而平鎮義民廟的轄區「十三大庄」，幾乎剛好是桃園縣境內的四縣客語區域。

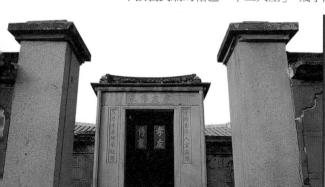

建立華麗的家宅，展現恢宏氣度。北台灣客庄多見此類漢和洋混血的建築。

四縣客家與客語

坐上已陸續通車的台北捷運，你在站名廣播時可以依序聽到國語、福佬語、客語和英語。車上廣播所用的客家話是台灣最通行的「四縣客語」。它甚至被全世界視為客家方言的標準語，普遍通用在任何客家場合、媒體。

四縣客話的使用者分布北起桃園縣的中壢、平鎮、龍潭，跳過新竹縣後，除了與新竹接壤的北邊之外，幾乎整個苗栗縣通用，再加上南部的六堆全部。佔台灣客家人口最高比例。

說「四縣話」的客家來自清代的廣東嘉應州，因為嘉應州除了本轄之外，還管轄鎮平（今名蕉嶺）、平遠、興寧、長樂（今名五華）四個縣份，因此，從這些地方移民台灣的人，他們所說的客語，就被稱為「四縣話」。其實，自嘉應州來台者，並非每個縣份人數都很均勻，平遠、興寧的人數最少，其次是長樂，而以鎮平及嘉應州本轄（民國時期改稱梅縣）最多。

鎮平人大舉移居台灣的情況，清代該縣的縣志已有記載，更有文人以女性口吻作詩來陳述這種現象：「五月台灣穀價昂，一車聞說十圓強，澎湖風浪今應靜，箇箇迎門待玉郎。」這首詩表明許多鎮平的壯丁，成了季節性的移民，年初來台耕作，收穫之後才渡海返鄉，跟翹首盼望的女友團聚。

豐饒的台灣，使無數鎮平乃至嘉應州內各地的農民，離開山多田少的家園，「竟（終）以台灣為外宅」。久而久之，季節性的移民定居

了下來，隨著清廷攜眷渡台禁令的逐漸鬆弛，有的帶著家小來台，有的娶平埔原住民婦女為妻，更有的奮鬥到一把年紀才有能力成家……。

不論是何種情形，這些嘉應州的移民終於根著台島，這可以從他們迎奉家鄉的祖先牌位來台，不再年年回鄉祭祖；捐資修建原鄉的宗祠，而在台灣另立祭祀公業等行為上來看，至遲在清代中葉，嘉應客家人已經定著，安家落戶成了台灣的一部分。

由於鎮平來台人數甚多，如今在台的鎮平移民人口多出祖居地兩倍以上，該縣的鍾、徐等大族在台灣客家人之中也成了超級大姓，因此台灣一般所稱的「四縣話」，嚴格說來指的是鎮平方言。鎮平當地的方言，經筆者調查證實，老一輩人所說的話跟苗栗客話相當一致，年輕人說的則不然。

比較特殊的是六堆的四縣話，有許多異於鎮平、苗栗的特色，甚至六堆各鄉鎮彼此差距也很大。六堆客話大致可分成三個次方言，可用美濃、內埔、佳冬來作代表。美濃話在高雄縣境內通用。屏東市與潮州鎮之間的長治、麟洛、內埔、竹田、萬巒等客庄則說的是內埔話。佳冬、新埤、高樹三地則算是佳冬話。除了語音的差別外，詞彙也不同。例如「可以」一詞美濃人說「可以」，內埔則說「做得」，而佳冬人卻用「使得」。

◉桃竹苗內山區
客家與北部內山開發

　　西台灣的土地開發大部分是由「墾號」出面執行，墾號用當代用語來說，等於是土地開發公司，不過現在的土地開發目標多為工商用途，二十世紀以前的土地開發主要目標自然是農業。然而在十九世紀中葉中國納入全球市場網絡之後，情勢也隨之改變。中國南部的特產茶葉，與台灣的特產樟腦，將台灣的重心北移，順勢也改變了北台灣客屬的生活。

　　十九世紀初，原先在桃竹苗河谷中務農的客屬農民，漸次感受到人口的壓力，於是開始往各河川的上游爭取生存空間。由於河川上游屬於泰雅族、賽夏族原住民的領域，所以組成的墾號須建立隘防，稱為「隘墾」，用現在的話說即是武裝性的土地開發。十九世紀北台灣有許多沿山墾號，其中最大的隘墾為「金廣福」，最後的隘墾為「廣泰成」。

　　金廣福是由客家與福佬共組的墾號，組成後由福佬紳商周邦正在新竹城內擔任聯繫與會計事務，而實際進駐墾區執行開拓的是客屬姜秀鑾。姜秀鑾的家族歷史正是新竹客家的歷史縮影。他的曾祖父姜朝鳳一七三七年來台灣後，落腳新竹縣濱海的新豐紅毛港當佃農。十八世紀晚期，叔祖父姜勝智協同開闢頭前溪中游的芎林地區，姜家開始建立事業，成為當地的重要家族。

　　姜家來台第四代的姜秀鑾，成年後領導民防團，表現傑出，素為官府所倚重。因此被委以重任，於一八三四年正式建立隘防，號稱「金廣福」，進墾新竹東南山區。當時金廣福為最大的隘墾，所以被稱為大隘，開拓的區域即今日的北埔、寶山、峨眉。在一八七八年大隘加入新埔義民廟的聯庄祭典組織，標誌了新竹地區客家版圖的完成。

　　至於苗栗，直到今天，內山地區的老一輩人還記得「阿滿頭家」黃南球，因為除了以往要向他家納租外，這位精通拳術槍法的大地主還有許多傳奇故事。

位於新竹北埔的金廣福公館，為客家向新竹山區原住民求索生存空間的見證。

十九世紀晚期
聲震全台的客
家實業家黃南
球。

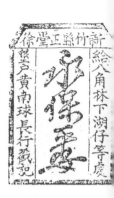

墾號在台灣歷史中，向來是有錢有勢者的專利，但是在一八六三年，年方二十四的黃南球竟然也集股創辦了「金萬成」墾號，可見得他自有過人之處。黃南球是移民的第二代，兩手空空，面對西邊已住滿同鄉的苗栗平野，更有立足斯土的焦躁急迫，因此就轉過身來，朝著中央山脈挺進自己的事業。他的故事，就從位於今日三灣南坪的金萬成開始。十幾年的辛勞後，他又承攬「陸成安」隘務，使得日後的獅潭出現在地圖上。

面對飛漲的國際樟腦價格，讓他的事業從上游的伐木製腦更延伸到承包行銷，與金廣福和板橋林家、霧峰林家等豪門巨室攜手合作，一個小伙子真正變成大頭家。日後更蒙官方賞識，在清末「開山撫番」政策下，委之以「新竹總墾戶」名號。一八八六年劉銘傳政策上的裁隘措施，卻沒有能克服進墾大湖、卓蘭現實上的困難，所以一八八九年他五十歲時，「廣泰成」墾號組成了，開闢出日後苗栗縣東南角上的山區大湖、卓蘭客鄉。

今天除了苗栗內山一線的客家版圖，可視為是阿滿頭家的人間遺產外，還有更多人曾體會過他的血汗功績。劉銘傳興修的台北至新竹間的鐵路，所用的枕木，多半來自黃南球前半生的事業區。雖然這條鐵路已走入歷史，但是台灣客家的路還是繼續在走。

就是這樣的歷史因緣，二十世紀開始前後，對北台灣客家的印象，是山居的族群。但樟腦繁華早已成為明日黃花，如今猶然飄送的茶香，也帶著些許沈重的辛酸。今日在台三線公路上拜訪桃竹苗的沿山小鎮，你或許不會再疑惑她們過往的繁華從何而來。

海陸客家與客語

坐捷運你聽到了四縣話，但是無論你到桃園新屋吃鵝肉、新竹湖口逛老街、新埔吃粄條、北埔喝膨風茶或是去苗栗南庄爬獅頭山，聽到的客話卻似乎不太一樣？的確，因為在這裡，當地客家人講的是「海陸客話」。

台灣最多人講的客語是四縣話，其次就是海陸話。由於主要海陸客話區的南北兩側都是講四縣，甚至其中不少家族也是祖籍嘉應州，所以「海陸人」往往會聽甚至會說四縣話，而六堆、東勢人卻可能聽不懂海陸話。

「海陸」得名自這批客屬的祖籍：廣東惠州府的海豐、陸豐兩縣，由於兩縣原本是一縣，一七三一年才從海豐劃出新設陸豐縣，所以可能若干較早來台的人就自稱講的是海豐話，而非海陸話。

海豐、陸豐的海岸跟縣城一帶，說的是接近汕頭話的福佬話。北邊內陸山區，清代的「吉康都」地方，才是客話區。而且在台灣稱作海陸話的，僅是其中的一種，通行區域不大。若以使用人數多寡來作為一種語言的名稱，那「苗栗話」可以取代「鎮平話」，而「海陸話」也該改稱「新竹話」了，因為這種話今天在廣東僅數個鄉鎮通用。

其實海陸客話很早就被外國人注意到，因為荷蘭人殖民印尼，在婆羅洲碰到許多說海陸客話的人，於是海陸話繼廈門話之後，成為第二種被荷蘭人研究的漢語方言，時間遠早於北京話。今天拿起荷蘭文寫的《陸豐方言》，跟台灣新竹的海陸話相比，可發現差異微小。

二十世紀以前，海陸客屬幾乎全數集中在北台灣。今天桃園縣內以觀音、新屋、楊梅為主，平鎮、中壢、龍潭居少數。而整個新竹縣境內海陸話是通用語，連新豐、竹北沿海一線的泉裔福佬，及五峰、尖石的原住民都有人能聽能說。到苗栗縣北境的頭份、三灣跟四縣話交錯，而南庄、西湖的海陸話多於四縣話人口。後龍、造橋、通霄、銅鑼也都有說海陸話的聚落。

海陸話在聲調上，跟四縣話你高我低，你低我高，互相反其道而行；且海陸區分陰陽去聲，因此比六個調的四縣話多一調，「褲護」四縣同聲調，海陸卻可區分。接近捲舌的舌葉聲母也很突出，四縣話「租豬」、「粗初」、「蘇書」都無區分，海陸卻一套讀舌尖，一套讀舌葉，分別清楚。而四縣讀零聲母的「野友」等字，海陸讀接近華語「ㄖ」的濁擦音。

韻母也有不少差異。「杯美費為」四縣讀i，海陸讀ui。「深」四縣-iim，海陸-im，「神」四縣-iin，海陸-in。「瓦」四縣nga，海陸ngua。

詞彙上不同者亦有若干，最基本的差別是四縣話說「拿筷仔食飯（fan）」，海陸話則是「舉箸食飯（p'on）」；「茄子」海陸講「茄」，四縣說「吊菜」。「稀飯」四縣說「粥」，海陸說「糜」。「明天」四縣說「天光」，海陸說「韶早」。「我們」四縣說ngai ten，海陸則說en ni。「我和你」的「和」，四縣說「同」，海陸說「拷」。

部台灣

■ 台中縣市

中台灣陽光酒久燦爛，卻因世紀末的九二一震殤而稍顯黯淡，

請切換一種心情，進入深邃的歷史裡，這裡的客家與你為伴。

臺中縣

臺中市

東勢
下城
上城
大茅埔
軟埤坑
裡冷
南勢
谷關

新社
石岡
后里
豐原
潭子

日南
外埔
大甲溪
神岡
大雅
西屯
大肚
清水
沙鹿
大肚美

中山高
北二高
省道
鐵道
縣界
直轄市
省轄市
鄉鎮
村里
山
湖

南投縣

霧社
萬大
千卓萬
武界
小埔社
牛眠
埔里
東光
魚池
挑米坑
信義
水里
雙冬
平林
大坑
褔盛
濁水溪
頭叉
草屯
中寮
南投市
竹山

◉台中縣市

番駙馬與軍工匠 締造的中台灣客區

台中西屯的張廖家廟,見證詔安官陂張廖家族在台中盆地的拓墾史。

今日繁華僅次於北高兩市的台中—豐原都會區,往昔是巴則海平埔族居住游耕之所。來自廣東潮州府大埔縣的張達京,因為娶了巴則海頭目的姑姑,在族中得到至高無上的地位,漢人稱他為「番仔駙馬」,一七二三年官府任命他為溝通「番」漢的通事。

張達京協同巴則海頭目潘敦仔開鑿多條水圳,使台中盆地可以生產大量的水稻。同時他要求巴則海族人若要使用水圳,就得按比例讓出所屬的土地給他,這就是有名的「割地換水」協定。他又從閩粵招募來眾多的漢人佃農,耕種由巴則海族那邊取得的土地,他自己則每年向佃戶收取租穀。當他藉由土地的收穫取得財富後,又進一步投資水圳事業,再用水權迫使巴則海人釋出更多的土地。

如此數十年下來,張達京成了中台灣的首富,他所組織的「六館業戶」邀集該區域的有錢人一同投資土地開墾事業,遍及大台中地區,包含台中市、豐原、神岡、大雅、潭子等處。甚至西達海線的清水,南邊直到彰化市、芬園鄉,都有他名下的土地。

他的得力助手,也是「六館業戶」之一的廖朝孔,是福建漳州詔安官陂的客家人,擅長開闢水圳,因此被張達京從西螺邀來共同開墾台中。

張達京在大台中長年的經營,使自己由攤販變成富豪,使台中平野布滿漢人墾民。然而,也使得巴則海族人的生存空間急遽縮小,生計困難,造成日後巴則海族集體流亡埔里,或退回祖居地苗栗三義鯉魚潭的慘劇。他晚年因為平埔族人告到官府,被取消通事資格,並受到懲戒,但卻已改變不了漢人在大台中地區轉為優勢族群的事實。侵佔平埔族的土地,是台灣漢人必須共同承擔的責任,而張達京其人,只不過是其中的一個代表罷了。

不論歷史如何評斷張達京,他的影響無疑是深遠的。由於他是大埔縣人,所招募的同鄉佃戶也就特別的多,這使得台中的豐原、東勢地區成了全台大埔

客家移民最密集、分布最廣的區域。除了張氏本身成了遍布這個地區的大家族外，其他如豐原的朱、嚴、尤、連，神岡的劉，潭子的羅，大雅的蔡、朱，霧峰的曾、何、巫，東勢的劉、曾、何、巫、廖、田、吳，石岡的劉、郭、鄭，新社的劉姓等家族都來自大埔。東勢地區的客家話如此地跟台灣其他地方不同，主要就是因為東勢客話以大埔客話為主幹，再稍微加入其他客語（如饒平話）的成分。

東勢大茅埔邱家珍藏的祖先穿著清朝官服圖。

　　大埔移民在台中地區雖然散布很廣，但幾乎是同時，漳泉福佬人大量湧入，加上清中葉以降不斷的閩客爭地械鬥，客家人常因寡不敵眾而落敗，據點一直縮減，也使他們無法保有優勢，台中盆地及其周邊漸漸成為福佬佔上風的局面。大埔客家拓殖有成的，反而是豐原以東的山區，這也就是曾經一度遍布台中縣市的客家人，最後僅能守住的領域。

　　最初客屬進入東勢地區是充任官府的軍工，他們為了伐木建造水師的船艦，而結草寮居住，名為「寮下」，即今之東勢鎮中心的匠寮巷。爾後這裡又成為內山和平地交易中心，市街逐步形成，最早的一條即今之「本街」。商業機能擴充了街區，郊區的農墾也未曾休止，墾成的村落相繼出現。

東勢大茅埔邱家，有清楚的圍合及門樓，本屋九二一之後已不存。

　　然而，不同於在豐原地區與巴則海族間尚稱和睦相處的經驗，逼近泰雅族地界的客家人遭遇空前的抵抗，尤其是東勢街區東南方的上城、下城、大茅埔、軟埤坑，開庄步步艱辛。泰雅族頻仍的出草，促使這些客家人構築合院外側再包覆房舍的「圍屋」，門口不開在房屋正面，聚落內巷道彎曲狹窄，每戶人家牆壁相倚，以利巷戰。村口有隘門由壯丁把守，並設銃孔。有些地方甚至設下多重柵門。萬一被攻破，屋內還有低矮的「番仔門」，以暗室藏於牆間以供老幼婦孺躲避。直到一九三五年，泰雅族還殺死許多民防團的壯丁，迫使日本政府下令在大茅埔入山口處拉起鐵絲網，可見原漢對抗的慘烈。

　　東勢客話稱「倒楣」為「痟瘼治（殺）頭」，別處客語沒有這個詞彙，可見「倒楣」被泰雅族「殺頭」的歷史記憶，如何深深地烙印在東勢人心中。

東勢巧聖先師廟，說明本區之拓殖開端始於伐木業。

大埔、豐順客家與客語

清代廣東潮州府總共轄有九縣，除了大埔、豐順為純粹客屬縣份外，其餘海陽、潮陽、揭陽、饒平、普寧、惠來均為福佬主流、客家居次的地區，澄海則幾乎無客家，故有「大埔無福，澄海無客」的俗諺。

台灣的大埔客家人，分布甚廣卻相對分散，只有豐原—東勢地區顯得比較集中。然而豐原及其以西的大埔移民居住點都已經改說福佬語。豐原從日本時代起工商業快速發展，大量的外來人口改變了原有的居民結構，使我們現今不容易看出她早先是個客家庄。不過，仔細觀察豐原一帶的傳統民居，只要還保留合院形式的，沒有例外的全都是客家後裔。他們每年還會固定去祭拜位於豐原坪頭里的「義塚」，這裡埋葬該區械鬥死難的客屬人士。

豐原東郊的翁子、半張等地，為張達京嫡系後代所居住，不像潭子鄉的張姓為張達京弟弟達潮的後人，「半張」指的就是這裡大半的人姓張。雖然在此聚族而居，而且離石岡的客語區已經很近，張家的客語仍然流失殆盡。縱使好幾位嫁入張家的媳婦都是石岡、東勢方面的客家人，婚後還是隨著夫家改說福佬語。筆者曾訪問翁子里張達京的八世裔孫張國立，他已經七十多歲了，然而記得的客家詞語只剩下約三十個。

真正還說大埔客話的，是豐原東邊的石岡、東勢、新社。不過，這三個鄉鎮內福佬語勢力仍十分強大，市街上有許多搬來做生意的福佬人。尤其是新社鄉，因為一九六○年興建清泉岡機場，福佬人從清水、沙鹿搬來新社，建立七個聚落，加上外省軍人和眷屬，使新社原本純客家鄉鎮的面貌發生根本的變動。東勢三鄉鎮的客家人福佬語說得都十分流利，客家話使用頻率越來越低，將來有消失的危險。

苗栗縣的卓蘭鎮跟東勢僅一河之隔，跟苗栗其他鄉鎮反而有山脈阻擋，因此交通出入都由東勢。水果種植，也是東勢跟卓蘭共同的生計或主要產業，所以兩地來往密切。這使得卓蘭許多居民都會說東勢話，雖然該鎮並非大埔移民所組成之社區，但卓蘭的四縣和饒平話，已深受東勢話滲透和影響。

東勢的大埔客話跟海陸話一樣，有一套類似國語捲舌音的舌葉音。韻母跟海陸話也比較接近，如「杯」讀pui跟海陸一樣，四縣則是pi。「泥鞋矮」東勢念-e，四縣、海陸讀-ai。「善扇」東勢讀-ien，四縣、海陸讀-an。但聲調卻跟四縣比較像，而和海陸話不同，因此過去曾被歸類為四縣話的一種。只有去聲（相當國語第四聲）四縣話是高高平平的，東勢話卻讀降下來的調，有點像國語第四聲的讀法。

東勢話最特別的莫過於沒有「仔」尾，一般閩客語都有「仔」尾，福佬語說.a，四縣話說.e，通常表示事物的小或親近（暱），相當北京話的「兒」。而東勢話竟然所有的名詞都沒有「仔」尾，「桌子、椅子」只能說「桌、凳」不能加「子」。這在客語的各種方言當中少見，在整個漢語方言世界中，也是罕見的。只有一部分的字，用聲調變化來表示「仔」尾的意思，

如「洗澡」四縣話説「洗身」,「游泳」説「洗身仔」,東勢話對應的説法二者都是「洗身」,但表示「洗澡」的「洗身」,「身」字讀平平的33調,表示「游泳」的「洗身」,「身」字讀升起來的35調,以聲調之不同取代加上一個「仔」尾的方式。

其實台灣各地大埔移民點非常的多,只是不如東勢集中,所以他們的大埔客話幾乎都被取代了。如嘉義竹崎的番路料多大埔邱姓,地名用「料」表示「小山」為大埔客語特色。嘉義新港董厝為大埔董姓所聚居,台北景美的萬盛、萬隆,新店的大坪林、安坑,皆為大埔廖姓開墾和命名。苗栗公館的中小義,為大埔劉姓聚落,現僅親屬稱謂仍殘留大埔話特色。

和大埔移民伴隨出現的,是同屬潮州府的豐順縣移民。豐順跟大埔是隔壁縣,移民也常隨同分布。東勢地區豐順移民可觀,尤其是東勢下城里,多豐順陳姓,堂號為「西潁」。其他如東勢的馬、馮,新社的彭、羅,石岡的鄧姓等都是豐順移民。然而語言上已經改從大埔話。

台灣平原

濁水溪、北港溪、八掌溪等河川所孕育的西台灣大平原，

一向為一般人視為客家缺席之所，

但是實情果真如此，還是另有原委？

以下的篇幅將開啟時光隧道，帶領你進入一個鮮為人知的客家世界。

彰化縣

彰化市　芬園
大村　埔心　員林　社頭
田尾　永靖　埔州
溪湖　田中　成功
福興　鍾埔　小瑩
鎮平　後厝　民靖　田中

雲林縣

西螺　崙背　林內
二崙　斗六
崇賢　羅厝　港尾　斗南
新虎尾溪　橋前　土庫

濁水溪

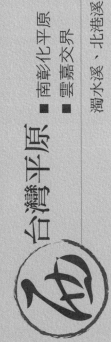

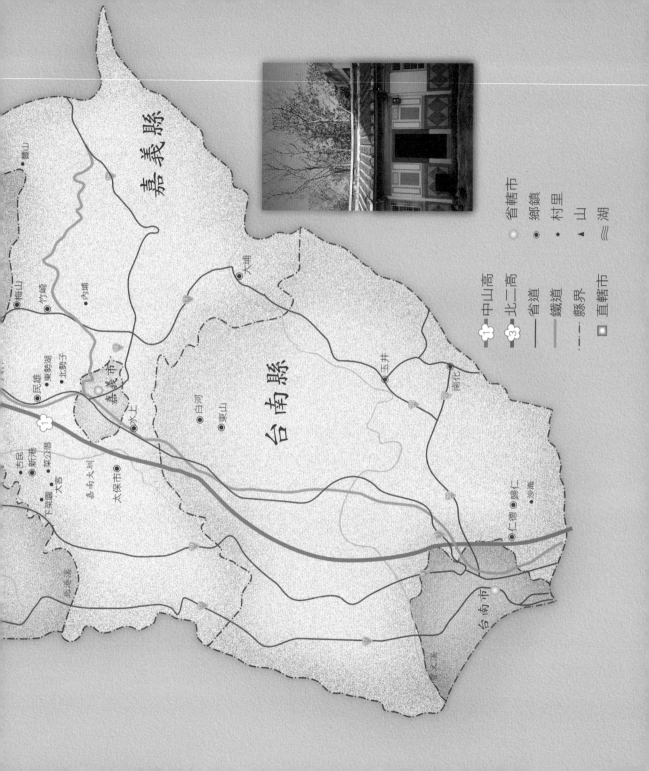

嘉義縣

台南縣

嘉義市

台南市

豐山
梅山
竹崎
內埔
大埔
民雄
東勢湖
北勢子
水上
白河
東山
玉井
南化
大內
菜公厝
古民
新港
下菜園
嘉南大圳
太保市
北港溪
仁德
歸仁
沙崙
曾文溪

中山高
北二高
省道
鐵道
縣界
直轄市

省轄市
鄉鎮
村里
山
湖

◉南彰化平原

南彰化平原上的饒平客

　　無論你搭乘火車或行駛高速公路，在濁水溪與彰化市區之間，東側永遠有一條綿延的山丘為伴。這條山脈正式的稱呼為八卦山脈，山脈南段當地人稱作「橫山」，三百多年前，當青翠的山林間還跳躍著梅花鹿的年代，鄰近的平埔族被官方譯稱「大武郡社」，這條山脈也就叫做大武郡山。

　　大武郡山下有豐沛的地下水，但太過接近地面以致反而有礙耕作。康熙末年，一群來自廣東饒平北部貧瘠山區的客家人，卻捨不得這塊早先移民視為棄地的湧泉地帶，堅信憑他們的毅力可以改變地貌，從而改變自己以及子孫的命運。這幾位留下名字的先人：陳智可、陳聲榮、邱九恩、邱應魁、邱信義、劉剛毅、劉瑞華、詹瓊瑤、詹時謹，後來成為這一帶大家族的渡台祖。

　　隨著八堡圳、十五庄圳這兩條主要灌溉系統在一七二○年左右竣工後，陸續前來許多以饒平為主的同鄉，於是南彰化平原上誕生了一個個的客家村落。在「湳仔」、「湳底」、「湳港」這些表示水草豐美的地名間，漸次蓋起了規模

永靖陳宅餘三館，完備的格局與莊重的雕飾，充分表現南彰化饒平客家的自信與氣度。

社頭芳山堂為南靖客屬劉氏的宗祠，芳山劉氏為本區較少見的漳州客家。

宏敞的三合院聚落。永靖第一大族陳氏的「餘三館」，就是這些住宅群中的精美代表之作。他們更興建起大量的宗祠，安奉前來此地胼手胝足拓墾的先人。

到了一八一三年，這些客屬決定要建立自己的市集，於是在關帝廳莊前方，精心規畫了街廓、店面，且在街心興建三山國王廟。為了祈求永久平靖，特將新市鎮命名為「永靖」，這是彰化平原上空前，也是絕後的客家市街。這次「造鎮」分成六股募集資金，總計有八十二個自然人或法人入股，名單追溯起來，都是今日員林、埔心、永靖、社頭、田尾一帶，張、陳、劉、邱、詹等大姓的祖先。但是，埔心鄉為數最多的詔安客屬黃姓卻未加入。

其實原先客家人是到東邊的員林街上去買賣的，但是員林街內也有相當數量的福佬人，所以早在雍正年間建立的三山國王廟廣寧宮中，也奉祀媽祖。隨著人口漸增、爭端紛起，福佬人遂有了自立門戶的念頭，於是另立福寧宮專祀媽祖。但是迄今員林鎮內第一大姓仍是饒平張氏。在這塊以員林、田中、溪湖三個街區為分布頂點的客家區域，最靠西側的客家仍是以三山國王信仰凝聚情誼。

位於溪湖鎮的霖肇宮，傳云開基甚早，在台灣三山國王信仰中擁有獨特地位。但在一九七一年之前，廟裡卻沒有三山國王金身，僅由王爺夫人鎮殿。而三尊國王的金身與書有三山國王名號的祖牌，則奉祀在埔心、溪湖、永靖、田尾等鄉鎮中，分別名為「大王角」、「二王角」、「三王角」與「祖牌角」的角頭之內，形成一塊以荷婆崙為頂點，向東南方開展的二十一村里祭祀區域。

霖肇宮廟址的「荷婆崙」，可能得名自三山國王祖廟所在的「河婆」，這是一條醒目的移民線索，但是現在荷婆崙的居民都屬泉裔。原因在於十九世紀的分類械鬥，致使客屬多西遷至今日高速公路以東，也將神像、祖牌請至日後各角頭，遂使得霖肇宮像耶路撒冷一般，成為「淪陷的聖地」。然而到了二十世紀晚期，霖肇宮終於滌除歷史陰影，福客兩系居民合作，推動它的重建工事與慶成醮儀。

荷婆崙三山國王歷來分靈甚多，紀錄中最早的是在雍正年間，將香火傳給了西螺的客家同鄉。而道光年間西螺人還以絕佳的橘子品種，就是日後馳名的員林椪柑。

員林廣寧宮內所供奉的廣東潮州韓江水神「安濟靈王」，為台灣罕見的粵東神祇。

饒平客家與客語

一九九九年許信良先生決定參選總統時，曾回到他中壢過嶺的老家祭祖祝告，眾電子媒體競相於現場直播。許先生執香膜拜時，旁人喃喃唸誦的祝詞，正是饒平客語。這種目前已告稀見的客家方言，不意因此機緣，難得地登上了主流媒體。

潮州府饒平縣是廣東最東的縣份，全縣是個狹長的河谷，北半部為客語區，南半部是福佬語區。除了新竹、豐原、高雄右昌零星發現有饒平福佬移民外，台灣一般祖籍饒平者幾乎全為來自北半部的客屬。

儘管現今會說饒平客語者如鳳毛麟角，清代入墾台灣定居的饒平移民卻多如繁星。北起北海岸三芝的許姓、台北內湖陳姓、新莊劉姓、桃園南崁王姓等，如同其他語言中的孤島。在桃竹苗與東勢地區，不少饒平祖籍者如劉、黃、許、林等家族，列身海陸或四縣之間，卻也是著姓望族。

中西部台灣原本為饒平客家的最大分布區，若干鄉鎮內的大宗族，都源自饒平。如苗栗卓蘭、彰化竹塘的詹姓，員林張姓，雲林斗六至嘉義民雄之間的劉姓、郭姓，大抵皆饒平客屬。也因此，在十九世紀時，兩處饒平客家最集中的地點，彰化永靖與嘉義溪口，可能是台灣罕見通行饒平客話的市街。而新竹竹北六家、苗栗卓蘭老庄與新屋，則是饒平客家單姓村。

劉姓是饒平客屬的重要姓氏，而台灣客家人的第一大姓就是劉。台灣劉姓人士，不論目前使用語言為何，他們之中很大的一部分祖籍是饒平。若你身邊的劉姓朋友，他的字輩為「家」、「興」、「邦」，可能就是饒平客屬。

如今，饒平客語泰半流失，彰雲嘉一帶部分的饒平客屬，猶殘留親屬稱謂、數字、地名的客語說法。至於桃竹苗中各縣的饒平客屬，多數改從當地的四縣、海陸、東勢客語。只剩少數地點，如過嶺許姓、六家林姓、芎林紙寮窩劉姓、卓蘭老庄詹姓與新榮劉姓等，因家族聚居或地形封閉，還保留祖先言。而若干地點已經萎縮到幾戶人會說而已，如新埔枋寮、關西三墩及石光、芎林五龍、東勢石角等地。

饒平跟海陸一樣，有一套接近捲舌的舌葉聲母。聲調跟四縣海陸都不同，然而過嶺、六家、老庄跟石角的聲調都各不相同，亦即台灣現存饒平客語至少有三種相異的聲調系統。其中只有過嶺聲調和廣東饒平新豐一致。這可能是饒平縣內方言原本就很紛歧，也可能是台灣各地饒平話各自發生了變化。

字音方面，饒平常和四縣有出入。如「雨」饒平vu，四縣。「去」饒平k'iu，四縣hi。「茄」饒平k'iau，四縣k'io。「買」饒平mi，四縣mai。「水」饒平fi，四縣sui。詞彙也多所不同，如「累」饒平hot，四縣k'ioi。「醜」饒平說「歪樣」，四縣tse。「哭」饒平vo，四縣kieu。「起床」饒平t'ai，四縣hong。「香菸」饒平說「薰（fun）」，四縣「菸（ien）」。「看」饒平ngiang，四縣k'on。

◉西螺地區
西螺七崁與詔安客

　　一講到濁水溪畔的西螺，年長些的讀者就會想起曾經轟動一時的電視劇「西螺七崁」。該劇把「七崁」解釋為七位劍俠，其實根據當地人的說法，「七崁」指的是這個地區裡的村莊聯合組織，今日雲林西螺、二崙、崙背三個鄉鎮的詔安客屬聚落群，分成七大部分，所以才稱為「七崁」。

　　另外有種傳說；七崁之所以要分成七塊，是因為該地最大宗族「張廖」有七條祖訓。祖訓的第一條就是「生廖死張，故曰張廖」，這便告訴後人，為何姓氏是「張廖」，因該家族的人活著的時候姓廖，死後在墓碑和牌位上必須改姓張。但並非所有廖姓的人都有此規矩；一般姓廖的人墓碑上仍保持廖姓不變，是為「單廖」。只有從福建漳州詔安官陂來台的廖姓，才會死後姓張，稱為「雙廖」。西螺一帶的張廖，正是康熙年間五位堂兄弟由官陂渡海來此開墾定居迄今的。

　　這五位堂兄弟之中，最有名的就是廖朝孔。他的水利專才，使西螺地區的水田開闢得到極大的收穫。他並引進了風水術數之學。後來應「番仔駙馬」張達京之邀，帶著長子、幼子北上參與台中盆地的拓墾，成為六館業戶之一。因此台中市西屯區至今仍有大量的張廖後人，還出過市議會議長。而廖朝孔的堂兄弟跟次子留在西螺，瓜瓞綿延形成當地最大宗族。

　　次於張廖成為本區域大姓的，還有來自詔安秀篆的李姓，和同縣官陂的鍾姓移民。李姓分布於崙背、二崙鄉的南半部，鍾姓則偏北面。其他還有邱、黃、呂、田等小姓，全都來自詔安北

二崙來惠村福綿堂，為本地區眾多廖氏宗祠之一，有福安、福宗、福明等分堂號，以崇遠為總堂號。

部的山區，絕大多數出於秀篆。這些移民幾乎都是詔安客屬，只有來自同縣太平鎮的程姓移民是福佬。程姓在太平鎮的祖居地就是被客家人圍繞，而集中在西螺、二崙交界的埔心地區的程姓，也是被鍾、廖、李等客屬環抱，蔚為特殊的移民／族群分布現象。

　　詔安客家在西螺地區三百年間，跟南社、貓兒干社的平埔族倒是相處和睦，與廣興、七座屋等處的饒平客家詹、林姓人氏也很融洽，詔安客並且接受了饒平移民的三山國王信仰。和程、莊、楊等姓漳州福佬也算友善，村落比鄰甚至混居。反而是到了清末光緒年間，鍾、廖、李三大家族因為土地利用飽和，為地界糾紛而纏鬥兩年四個月之久，械鬥數十次，直到主事者被官府處死，且農事荒廢過久，方告終止。這就是著名的「鍾廖李，拼生死」──詔安客屬族群的內部械鬥。

　　清代西螺地區治安不靖，有敵人由東邊靠山的林內、竹山一帶下來平原區騷擾。於是西螺街面的廣興莊民從詔安原鄉請來武藝高強的阿善師，成立「振興社」武館，傳授武術給村人以抗敵。當時另有

二崙興國宮的創建者中，有百分之九十五都姓廖。

西螺廖氏宗族的總祠崇遠堂山門。

崇遠堂三川殿建築甚為考究。

西螺廣興振興社武館，為本區詔安客習武之風興盛的最好證明。

一支敵人來自南方新虎尾溪對岸的土庫鎮，搶掠崙背鄉港尾的牛隻。港尾人請來原鄉官陂宗親的廖金生武師教授「布拳」，使得習武練拳之風在此區的詔安客庄內特別興盛。因此居民敢誇下海口，說敵人「過得了西螺溪，過不了虎尾溪」。西螺溪（今濁水溪）在本地區之北，而虎尾溪恰在此區之南，亦即就算入侵者能過西螺溪闖得進七崁部落，也沒本事安然無恙得去。

　　雖然詔安客屬有自己的鄉土神明，如彰化埔心、大村鄉的黃姓移民，供奉來自官陂的五顯大帝為守護神。但這樣的現象不太在西螺地區出現，因為七崁各村落幾乎都以媽祖為主神。諸如西螺舊街和新街媽祖、崙背奉天宮、崙前順天宮等。興國宮門前的碑文可以看出清代創建此廟者，有百分之九十五都姓廖。與雲林其他各地類似，布袋戲在七崁地區也十分風行，目前以廖文和的金光布袋戲最為出名，舞台跟戲偶都放大許多，視覺效果一新。他本人還會說詔安客語。

漳州客家與客語

福建最南邊的漳州府，轄有龍溪、漳浦、長泰、海澄、詔安、平和、南靖、雲霄等縣份，是福佬人佔多數的區域。其中的詔安、平和、南靖、雲霄等地靠西或北邊的山區，都有一些福佬客家混居，乃至純客的鄉鎮。

這些鄉鎮雖然幅員不大，卻幾乎都是移民台灣的重鎮。因為生活在海岸平原或城市的福佬人，來台者大抵零星而個別。而位在偏遠山區的漳州客家，居住在土壤薄瘠的石質丘陵上，人口只要稍微過剩，環境就無法負荷，必須靠不斷地外移來保持均衡。因此，漳州客屬可說是舉族遷移，在台灣各地蔚成著姓。

單單看「簡」這樣一個中國大陸的稀姓，在台灣變成數十萬人的大姓，即能明白漳州最西邊的山區來台者數量之驚人。而在簡姓宗親的隊伍中，甚高的比例直接由漳州南靖的客家鄉鎮：長教、梅林、書洋來台。他們遍布宜蘭縣全境，以及台北樹林、雙溪，桃園縣北半部，南投市及草屯，嘉義大林，高雄大寮、林園等地。

前述的張廖家族，只有詔安官陂的單一來源，卻在雲林西螺、南投中寮、嘉義市及梅山、台南南化、花蓮吉安、彰化溪州、台中西屯、台北新店及中和等處成為大姓。其他如游、李、黃、江、蕭、呂、邱、林、賴、張、曾、莊、劉、陳等姓氏，從漳州客屬區域來台者均不在少數。

總之，台灣的漳州移民中，由詔安、平和、南靖三縣來者遠多於其他縣份，而從這三縣客家地區來台者，又呈現超高比例。因此，漳州客家是個探討台灣歷史及族群分布、聚落形成中不容忽視的主題。

然而，漳州客屬由於在原鄉就和福佬人比鄰甚至混居，互動密切，所以很多人本來就具雙語能力。這和廣東嘉應州客屬居住於純客天地，少有和福佬接觸經驗的情形完全不同。嘉應州人被視為隔省移民，族群和地域觀念反而得到維持，漳州福佬和客家，以同屬漳州作為共有的認同，因此，漳州客家在台縱使人數眾多，數百年來跟福佬人幾乎已經融為一體，以類似廈門話的福佬語，作為全台灣的優勢通用語言，漳州客話逐漸退入家庭以致消失。只有在桃園大溪、大園、中壢、八德，南投中寮，花蓮吉安部分年長者的口中聽到。

如今台灣最大一片漳州詔安客語區，位於西螺西側的崙背、二崙鄉，但也不是全鄉都說客話。以崙背街面而言，商街、夜市都說福佬語，只有廟宇和大樹下等空間聽得到客語。這兩鄉南邊交界一帶，算是說客話最盛的區域，包含崙前、港尾、羅厝、新店、來惠等聚落。

筆者曾拜訪像二崙鄉八角亭這樣的純客庄，白天見到外人來訪，都推說不會客語，到了晚上，村民相聚、沒有旁人的狀況下才敢說客話。可見在四周福佬語勢力的包夾下，詔安客屬受到的歧視和壓力有多麼深重！另一個問題則來自通婚，由於詔安客來台就是那幾個大家族，同姓不婚則勢必跟福佬通婚，致使下一代人的母語就是福佬話。

◉斗六地區

前粵籍九莊

「三山國王廟，在縣城東南，前粵籍九莊公建；後屢重修，今損壞。」一八九四年，末代的清朝雲林縣訓導（相當今日教育局長）倪贊元這段簡短的信仰紀錄，為我們導出當地客屬的分布線索。

倪氏以「前粵籍九莊」來稱呼斗六附近的廣東移民聚落，百餘年後到此，可以發現文獻中的三山國王廟順天宮雖然是幾經劫難，依然屹立。而原本的客家呢？或者用今天的交通線來陳述較容易瞭解。

以斗六市區為頂點，正南方向的台三線公路與西南向的台一甲線兩條交通幹道，所包夾的社口（社口、鎮南里）、大潭（龍潭里）、大崙（崙峰里）、溝仔墘（溝壩里）、江厝子（江厝里）、板橋、柴裡（皆屬三光里）及斗南鎮轄下的溫厝角（將軍里）、古坑鄉湳仔（湳仔村）等九處聚落，可能即是倪贊元所稱的九莊。傳云最早三山國王是由這九莊輪流奉祀，此後建廟，成為客家在斗六一帶的信仰中心。

其實九莊有另一個說法，名單中刪去溫厝角、湳仔兩地，而添加九老爺（斗六市久安里）、田心（古坑鄉田心村）兩地。但無論如何，我們稍微檢視一下當地居民的祖籍，即可捉摸一二。如大潭的詹、賴兩家族皆源自廣東潮州饒平，而大崙、田心與久安里的深圳崙等地，居民則以同縣劉氏為主。

五十三庄所共奉的雲林大埤新街三山國王，逢中元祭典以「公號」出面辦理，所以斗燈上所書為祖先名號（上），這點與十五大庄輪祀的新竹新埔義民廟是相同的（下）。

◉雲嘉交界
新街王爺與五十三庄

行經高速公路的斗南收費站，停車繳費的一瞬間，也請你虔心祝禱，因為你所在之處，正是俗稱「新街王爺」的「太和街三山國王」轄境中心。

在雲林縣大埤鄉內，虎尾溪與北港溪匯流口附近，有一座太和街三山國王廟，文獻上的太和街俗稱「新街」，已是一個可能因為天災人禍而沒落的小村落，但是新街三山國王的轄境與其相關宗教活動，卻是雲嘉兩縣最大的一個客屬地區，與最為明顯的族群標誌。

雲林大埤的新街三山國王廟標誌了「五十三庄」，這是濁水溪以南、六堆以北的最大客庄。

前粵籍九莊與新街五十三庄客屬分布圖

斗六市

田頭

大潭 杜口 鎮南

管士厝
九老爺 深圳淵
江仔厝 溝壩 大崙
廖節仔 田心
頂柴裡
溫厝角 板橋
下滴子
下湳子

南鎮

下厝
北勢子 五魁 社團職館
尾厝 中洲仔
三漁寮 頂麻
內林 上林頭

林子頭
大湖美

大林鎮

上林

古坑鄉

頂過溪
興國寮

梅山鄉

嘉義縣

仔
松子

恭迎新街王爺到庄接受禮拜，是五十三庄內各庄的年度盛事，圖為嘉義大林湖底迎王，湖底為海豐郭氏單姓村。

七月中元五十三庄聯合普渡，為台灣罕見的漳、泉、粵合作宗教活動。

原先「五十三庄」可能是十九世紀晚期一個自衛的聯庄防禦組織，所指涉的範圍尚不清楚；今日，「五十三庄」是與新街王爺息息相關的一個宗教名詞，範圍包括嘉義縣的大林、溪口、民雄、梅山與雲林縣的斗南、大埤、元長、古坑等八個鄉鎮內，將近五十個村里的大範圍；以新街為核心，約略成一個南北長約十二公里、東西寬約十八公里的菱形地帶。在此區域之內，客屬大抵是主流或支配性的族群。所以每個村莊年度內最熱鬧的祭典裡，新街王爺都會被恭敬迎請前來，巡視祂的領地子民，並提醒他們的客家淵源。

這個西台灣平原上最大的客庄，是在不同時間內，由不同來源的客屬所匯集而成的。例如一七○五年到此居住的張漢士，來自福建汀州府武平縣，他刻苦辛勤，直到卅八歲才結婚。而一八二四年出生在廣東嘉應州的監生李育元，卻是成年、娶妻後才來此投資開設香鋪、碾米廠。而晚至日本時代，溪口張家還有人從廣東饒平祖籍地前來尋親謀生。但相同的是，他們都在五十三庄落地生根、繁衍子孫。

一九九六年成為國家三級古蹟的太和街三山國王廟，將近兩百年來，一直在七月時舉行盛大的中元祭典，普渡過往因疫疾、械鬥亡故的先人。以祖先或全宗族為名號的祭典組織「大柱」，係由張、劉、郭等家族組成。其中之一張氏家族的歷史，恰為客家不斷追尋新天地的縮影；他們十七世紀中才自嘉應州長樂遷居惠州府陸豐，但百年後又飄洋過海來此定居。劉、郭兩姓氏雖然支派眾多，但都是源自潮州饒平，子孫散布五十三庄各處。

● 嘉義縣
笨港、打貓客久居

　　讓我們返回十九世紀初，在當時熱鬧的新街碼頭登舟，循著溪水而下，就會來到繁華的「笨港」。此時的笨港在經歷過漳泉械鬥和洪水後，原先住在港南的漳州福佬人搬到西方的麻園寮建立一個新市鎮──「新南港」，現在名叫新港。如果你在南岸登陸，用客話詢問前往新南港的路，或許對方也會用客話答覆。因為在這個河港的南北兩側聚居的是泉州福佬人，但是稍向東行，在笨港外的「下菜園」，住的是來自汀州府永定的李氏家族。

　　如果你已經熟悉路線，提早靠泊，上岸後經過一個叫做猴眠（現在叫古民）的村莊，那裡的曾姓家族也會用饒平客話向你招呼。來到新南港後，若是你還要往南，不多遠一個叫做「菜公厝」的地方，庄內的江家還是用永定客話向你招呼，南邊一點的潭子墘江家說的則是上杭口音，更南邊一點的那庄，乾脆就叫「大客庄」。

　　直到後來，我們才恍然明白，原來笨港漳州人選定的新故鄉，在北西南三面都有客家環繞，作為他們與泉州人之間的緩衝。

　　但如果你在新街參拜過三山國王後想直接往嘉義城去，稍向東行便可轉上官道大路，這條路應該和今天的縱貫路差不多。涉過一條叫三疊溪的河流後，會經過一個因溪得名的庄頭「三疊溪」，全庄都是說饒平客話的劉姓人家，這也幾乎是五十三庄最南的據點。大路的東側有點坡度，坡頂二十世紀晚期蓋了中正大學，山腳下的周姓家族也是來自饒平。

　　過了日本人改名為民雄的打貓街上，東邊丘陵上的北勢子和東勢湖也住了賴姓、許姓的饒平客家。至於全庄都姓黃的雙福，則是來自詔安的客家。然而民雄鄉最多客家的地區還是在西南部，現在興中、福興、山中村，當時還叫義橋、江厝店、竹子腳、牛稠溪、牛斗山，這幾個聚落中，劉、張、熊、賴等幾個主要家族，二十世紀開始前都會用饒平客話和你溝通。

舊稱猴眠的新港古民村，有潮州饒平祖籍的曾氏居住，此為曾氏宗祠。

位於嘉義新港苦苓腳的三山國王廟，為潮州海陽洪氏所創建。

自斗六前粵籍九莊大崙移居今日民雄興中村義橋的劉玉崗，子孫兩代皆高中舉人，故其祖祠「崇文祠堂」得以興建翹脊燕尾。義橋劉氏祖籍潮州饒平，祠堂正門對聯即嵌有祖籍與現今居地地名。

● 嘉義市

嘉義城內客芸芸

雲林的馳名神祇「六房天上聖母」仗儀執事牌係由徐德新敬獻，六房天上聖母的信徒中有許多徐家的佃農。

　　若你錯過在江厝店在乾隆年間建立的三山國王廟，而前面嘉義城已經隱約在望，那記得在進北門後先前往汀州媽祖廟燒炷香。之後，可要在最熱鬧的十字街右轉，幾十步之後可以看到嘉南平原兩大出口品的市集；右邊是米街，左邊是糖市。在喧鬧的糖市中，你可以發現，一座建於乾隆年間的廣寧宮，三山國王正端坐殿中。二十世紀之前，嘉義城內的客家率皆聚集在這兩位神明的爐下。

　　從國王廟往南行去，是批發檳榔的「菁仔市」。若你在一八八六年初來到這裡，一定覺得一片歡欣鼓舞，因為住在附近的徐家老么徐德欽高中進士後，近日衣錦還鄉。他的祖父徐元星來自嘉應州鎮平縣，父親徐台麟已成為當時嘉義縣內出名的富豪。城裡甚至縣內的客家自是與有榮焉。

嘉義溪口張家舊宅中的張演澄照片。饒平張氏在溪口房派眾多且才人輩出，張旭成、張文英、張博雅等皆屬之。

二十世紀初年開銀行的客家人

　　一九〇四年十一月，嘉義地區創辦了第一家銀行，全稱為「合資會社嘉義銀行」，當時資本額達二十五萬圓。這家銀行的董事長是王朝文，他是清代台灣人擁有最高官階者王得祿的兒子。副董事長則是徐德新，他是進士徐德欽的哥哥。徐家來台後先住在雲林，後來搬進嘉義城。除此之外，董事會還有七位成員，其中一名為日本人，另外六名台灣人中有一位是住在五十三庄內溪口的張演澄，他是饒平客家。

　　也就是說，嘉義銀行的八名台籍董事中，客家佔了四分之一。我們能否推想，這也是客家人口與財富在今日雲嘉一帶的比例？

●嘉義山線
後大埔與十三庄頭十四緣

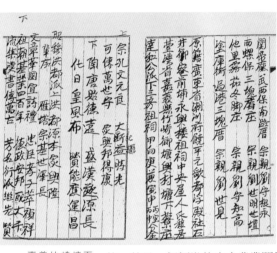

嘉義竹崎塘下寮劉氏家譜中也記載了他們在關帝廳（彰化永靖）、西螺、他里霧茄苳腳（雲林大埤）、塗庫街（雲林土庫）等地的宗親，饒平劉氏在彰雲嘉各縣的分布之廣，可見一斑。

一七二一年朱一貴事件爆發時，有一位藍鼎元先生隨軍來台，因為他官拜總兵的堂兄藍廷珍受欽命出征，所以就找了他擔任此行的參謀。他是個處處用心的人，可能在進行掃蕩戰時，來到了今天台南嘉義交界處十八重溪的「大埔庄」。

藍鼎元是今天實地調查的先進，為我們留下一份十八世紀初期台灣移民聚落的珍貴紀錄。他發現當地總共七十九家、二五七人中，僅一戶有女眷，其他都是精壯的男丁，六十歲以上的人才六個。這些人幾乎都是廣東潮州府來的「客民」，漳泉人不及百分之十。如果沒有意外，他所見到的，就是一個標準的客家農業開拓站。

這個曾擠滿客家壯丁的地方，後來為了與台南東山的「前大埔」區別，被稱為「後大埔」，就是今天曾文水庫所在的嘉義縣大埔鄉。

二十年後，另一批客家也陸續來到還叫諸羅的嘉義。福建漳州府詔安縣南陂的林家，從「溪州祖」派下的堂兄弟多人開始，叔姪輩來了十幾位，都住在竹崎內埔村附近拓墾。劉家三兄弟帶了他們的寡母，從廣東潮州府饒平縣石井故鄉，來到了竹崎塘下寮打拼。同府大埔縣白猴的邱章祿雖然最早來台，但是一直在打工，搬到山裡頭的新寮坑開墾後終於有成，但也到四十歲才夠本娶妻。嘉義山區的客家身影，就從十八世紀中葉來此的這幾個家族開始顯像。

過了一又四分之一個世紀，到光緒初年時，這三個家族以及陸續入居的客屬，為了感謝由林家帶來的觀音佛祖庇佑，使他們由幾戶人家成長為十三個庄頭，所以興建名為玉山巖的廟宇安奉，而且在每年陰曆正月十六、十七兩天出巡所轄。由於內埔為最大庄，分為東、西兩緣，其他聚落各為一緣，所以這個嘉義山線客屬最顯目的信仰活動，就叫做「十三庄頭十四緣」。

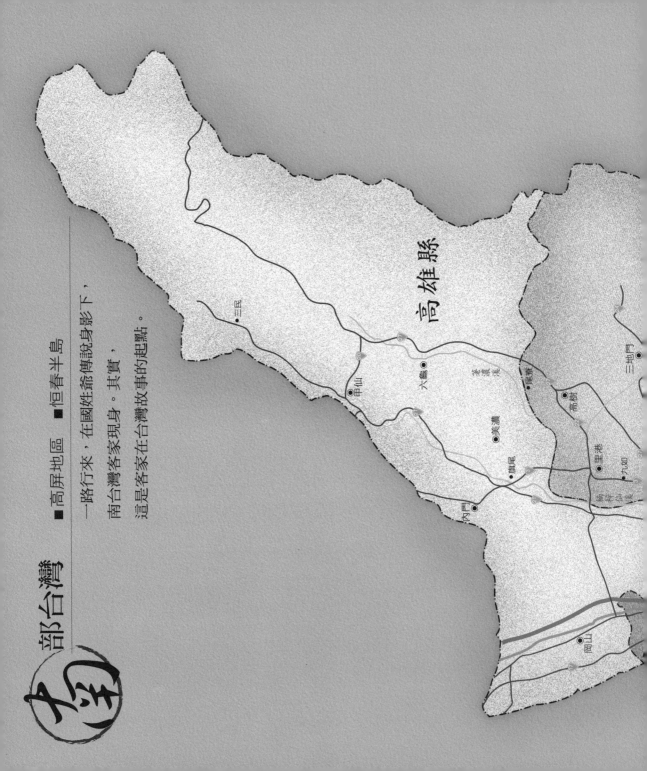

初部台灣

■高屏地區　■恆春半島

一路行來，在國姓爺傳說身影下，
南台灣客家現身。其實，
這是客家在台灣故事的起點。

高雄縣

三民
甲仙
六龜
老濃溪
美濃
旗尾
內門
高樹
里港
九如
三地門
岡山

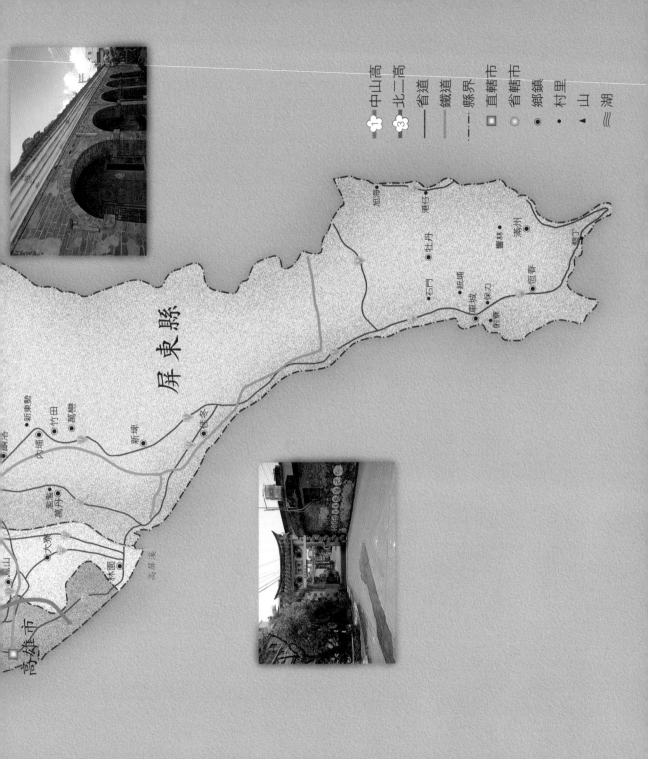

屏東縣

高雄市

高屏溪

高雄縣

旭海
港仔
牡丹
石門
統埔
鵝鑾
墾丁
車城
保力
恆春
滿州
蜂林
時鐘
新埤
佳冬
新園
新東勢
竹田
萬巒
內埔
潮州
林園
大寮
萬丹
盤盤
鳳山
鳥山

●高屏地區
下淡水河的「六堆」傳奇

　　你對南部客家的印象可能是下列事物：好山好水的美濃、豬腳飄香的萬巒、擁有傳統五進大宅院的佳冬。是的，這些星羅棋布於高屏兩縣近山平原上的大小聚落群，她們有個共同的名稱「六堆」。是台灣歷史最悠久的客庄。

　　客家人何時以及如何進入下淡水河（今稱高屏溪）流域拓殖，是個尚未有定見的學術議題。一般人接受伊能嘉矩的說法，認為南台灣的客家人本來是解甲歸田的官兵，在台南府城東門外種菜為生。約在一六九○至一七一○年間，先是遷移到屏東萬丹鄉的濫濫庄開基立足，進而向北、東、南三方面前進，於康熙末年時，在屏東平原上，已經建立「大庄十三，小庄六十四」的規模。

　　然而，伊能之說是否真確？今日台南市東郊的仁德鄉後壁厝，村廟主神為三山國王，該地的同安福佬劉姓表示，廟宇為已經搬走的粵籍劉氏所建。仁德隔壁的歸仁鄉崙頂、沙崙村的大姓徐姓，祖籍為廣東嘉應州鎮平，跟六堆多數人一樣。六堆中的望族邱姓，有宗親在高雄岡山落腳設店，因而形成該鎮最早的聚落「阿公店」的傳說。

　　而岡山至今還有「程鄉」地名，這正是嘉應州的舊名。美濃人直到日本時代，還每年到岡山超峰寺進香，因而在岡山當地留下「客人仔真有心」的諺語。如此說來，南台灣客屬最早的分布地點很可能在今南高兩縣交界一帶，後來才漸次遷移到高屏溪的東岸居住。

　　客家人進入屏東的第一個據點，傳統說法一向指明為萬丹鄉的濫濫庄。不過，此地如今找不到任何客屬蹤跡，學界正試圖尋覓替代的答案。無論如何，客家人先開發了屏東平原的中部，爾

一棟棟矗立的菸樓，訴說著美濃曾為菸業王國的驕傲。

六堆常見家族聚居之大夥房。此圖即佳冬羅屋,有五進落。

六堆村莊普遍有敬字亭之設置。圖為糶糴庄敬字亭。

後才分別往南北兩邊拓展,大致上沒有疑義。

六堆客屬一般相信,他們是「退伍軍人」的後裔,如麟洛鄉的最大家族徐姓認為,他們的祖先是鄭成功的管糧官,後來才入居現地,而徐姓帶來的鄭成功信仰,也因此成為全鄉的精神寄託。萬巒鄉的先帝廟拜的是朱王爺,居民認為祂暗指明朝皇室。六堆人也相信,祖先來時,六堆地區尚屬草萊未闢,先人開發了洪荒原野,並按照自己的意願,選擇居住的地方。

然而這似乎不曾考慮到,「鳳山八社」的平埔族早在漢人來到之前,已經遍布屏東平野,並在荷蘭時代,就以種植一年兩種的雙冬稻作,作為主要的生產活動。清朝初年的官方數據顯示,八社族人的稅役負擔沈重,為官府在屏東地區主要的稅收和勞役來源,可見當時八社的經濟實力。相比之下,同期間的客屬乃至全體漢人,在屏東的開拓成果和生產力量都難稱宏大。許多被客家人開墾的區域,原是平埔族人的社地。

此外,屏東海線新園鄉的福佬墾號「何周王」,也以古契約證明,東港溪中游的竹田鄉,本為他們買下的社地,繼而以地主身分招募客家佃農,入墾形成村落。這樣看來,六堆客家先民在選擇耕地和定居地點的自主性,好像沒有一般想像的大。而且屏東平原在鳳山八社早已進入水田定耕時代的情況下,先民到八社周邊較空曠的地區開墾,還會不會遭遇濕暗叢林密布,一切開墾事務必須從頭做起的生態環境?都是值得商榷的問題。

從一七二一年朱一貴事變當時,屏東客家所組成的民兵聯防組織「六堆」的規模來看,康熙年間湧入屏東的客屬實在已經不少。朱一貴事件為清朝領台後第一次大型的民變,本來漳州福佬人朱一貴在高雄內門舉事,屏東內埔的潮州海陽福佬人杜君英帶著當地的客家傭工響應,等到打下府城台南,雙方卻為誰該稱王的問題互不相讓,演變成內訌。

萬巒先帝廟拜朱王爺,居民認為祂暗指明朝皇室。

六堆集居聚落
強調防禦性，
時常見到窄巷
柵門。圖為佳
冬西柵門。

杜君英失敗出走後，引發朱一貴陣營對屏東客家庄的大肆報復。客家人為求保護身家性命和得來不易的墾地，議決以擁護朝廷名義，組成民兵討伐朱一貴。並按照防衛的需要，將屏東平原上的客家庄，劃分成六個區域，按照位置分別命名為前、後、左、中、右、先鋒六個「堆」，每堆管轄若干個聚落。

「堆」取的是「隊」的近音，暗示六堆如同國家的軍隊。這是高屏一帶客家人以「六堆」為認同標誌的來由。平定朱一貴後，六堆仍維持聯防組織於不墜，哪些村莊屬於哪個「堆」的防務也一直沿用下來，進而使客庄的居民，以「我們是哪個堆的」說法自居。六堆遂由民兵團練的稱謂，逐漸變成客屬聚落住民的識別標記。

六堆的成立和討伐朱一貴，化解了屏東客家可能被滅族的危機，然而朝廷對客庄的封賞，和對閩庄的處罰卻激化了兩族的對立，此後分類械鬥時有所聞，直到清末都還難以化解。隨著屏東平原開發日趨飽和，土地跟水源越加珍貴，地權的糾紛不斷，而灌溉水的使用權之爭，每在冬半年的乾季爆發開來。因為客家比福佬稍早進入屏東平原，將沖積扇端水源最充足之處悉數佔領。位居河流或地下水體下游的福佬人，常在乾季用不到水，故而流傳一句對客家人咬牙切齒的諺語：「客仔猴，佔水頭」。

生產關係的緊張，加上朝廷有意的分化，過去民變時結下的仇怨，非但不能緩解，反而越演越烈。到了清末，毋須具體事實，雙方單憑一句謠言就會大動干戈。數十庄閩人圍困一個客庄，企圖徹底剿滅。而十多個客家庄也曾合攻一個閩庄，想消滅對方。將近兩百年的對立關係，其實對屏東平原上任何一個族群都沒有好處。這種局面直到日本領台，將國家力量伸到鄉民社會的底層，運用統治手段干預，配合產業結構的改變，才打破六堆在高屏地區孤立發展的不利形勢。

◉ 恆春半島
瑯嶠客音

舊名「瑯嶠」的恆春半島,將台灣伸向熱帶海洋水域,今日則是你機械式日常生活的延伸突破,記不記得上回在墾丁瘋狂的樣子?這回經過有原住民風味地名的加祿堂之後,落山風中,讓我們來思想起恆春的隱隱客蹤。

恆春半島最早的客家移民據說是鄭成功的部下,他們來到今日的車城鄉屯墾,留下了「統領埔」(今統埔村)的地名。稍後有廣東潮州大埔客屬王那入居蚊蟀埔,也就是今天的滿州鄉治所在。但這兩批客家移民,如今已經很難找尋他們後裔的蹤跡了。現在恆春地區自認為是客家人的,多半是清朝中葉以後,因為人口過剩,向南邊尋求新天地的六堆移民。尤其以來自佳冬、萬巒與內埔鄉新東勢者最多;少數則在一八七五年恆春設縣後,直接自廣東招募前來。

六堆客家早在乾隆年間,就在車城鄉的保力村建立聚落,由於該地逼近牡丹鄉石門的排灣族地界,隔鄰又是福佬人的村落,在那個族群關係緊張的年代,客家人只有團結起來,「四家合而保其力」了。所謂「四家」,指的是佳冬楊姓、麟洛馮姓、內埔古姓、竹田張姓,這四個來自六堆的家族,聯合起來保住客家移民的勢力,故庄名定為「保力」。

一七九〇年,林爽文餘黨莊大田逃至恆春半島,保力村民和六堆人站在同一陣線,對抗莊大田以保衛家園。後來在清軍登陸之前,就已經捉住莊大田,使清軍順利完成任務。嗣後遂在保力建亭立碑,敬奉乾隆皇帝嘉獎粵民的「褒忠」二字。

保力居民後來又在車城鄉境建立了內埔和射寮等聚落,「射寮」客語為sia55

車城保力村的主要家族之一——張姓來自六堆竹田。圖為竹田張萬三祖祠,保力張家尚且每年派代表歸返此處致祭。

清末《恆春縣志》所提的南門內客人街，即今恆春鎮文化路。

liau11，其中sia55的意義指的是「同家族的人分房到別處居住」。

恆春在晚清設縣後須建立城池，建築師就是來自廣東嘉應州的梁燕。梁燕從原鄉請來了三山國王，於恆春西門內猴洞山的石穴建廟奉祀。後來被全恆春城內不同祖籍的居民接受，成為共同信仰的護城之神。梁燕規畫的恆春城至今不僅四個城門俱存，連城牆也泰半依然。

而南門內原為客家的集中區，耆老猶記得當地是「客人街」。所以文人對恆春城的描寫是「居民盡是他鄉客，一半漳泉一半潮」。

恆春鎮區也分布著相當數量的客家居民點，列名於清末《恆春縣志》內的客家庄或「客番」雜居庄有十數個。其中包含最有名的「墾丁」，也因來此開墾的客屬壯丁而得名。

滿州街上的宋屋也是六堆移民所建立，以磚造拱廊著名。

以佳洛水風景區聞名的滿州鄉，乃是客家移民在恆春地區最密集之處。敬字亭和墳墓型的伯公，與六堆地區同出一轍。這裡把門額堂號的堂字寫在中間，女性先祖稱為孺人，客家風俗歷歷可見。從永靖、太古公、響林、港仔等村，一直到牡丹鄉境的旭海，客家移民的足跡處處。

例如太古公的劉姓來自萬巒，先到車城四重溪溫泉一帶，輾轉到太古公（今下滿州）居住，已經生根恆春半島八個世代。滿州鄉萬里得的萬得寺，由劉家的劉五妹女士捐地建立。滿州街上的宋姓留下磚造的古宅，來自竹田的黃姓也不時出現。三山國王神壇屹立在永靖村口。響林村「福德祠」的門額，「祠」字也放在中間。港仔、旭海的現任村長，也都是還是客屬。

恆春城西門內的三山國王，為全恆春城的守護神。

本地區的客家語言幾近消失，只有車城有位九十歲的老翁會說。他父親是清末光緒年間才自廣東嘉應州受招募而來，所以他不過是來台第二代移民。至於那些清朝中葉，甚至更早就從六堆搬來的，已經不會說客語了；然而根據保力村七、八十歲的長輩回憶，他們的上一輩，乃至甫過世不久的兄姊，還會講客話。這現存最老的一代，不少人仍能聽得懂母語，可見客家話的流失，是晚近幾十年的事。萬巒李老先生，日據末期被派來保力任職，他證實當時的保力村民還通用客語。

文獻也能說明客家的痕跡。例如清末《恆春縣志》的〈物產篇〉，記載本區的芒果「土名檨仔，又名番蒜」。前者為福佬話名稱，後者為六堆客語對於芒果的特有稱呼，可見六堆方言確曾在此使用。同書的〈陂圳篇〉，則記載滿州永靖村有一條「伯公背圳」，客語意指「土地公後方的水圳」。

恆春半島的排灣族南群把福佬人叫pailang，來自福佬話「歹人」一詞；而將客家人稱ngaingai，因為客家人「我」這個詞就是ngai。由此名稱之別可以看出，排灣人昔時對福佬人較有敵意，而對客家人較友善。此係因福佬人曾為爭地而與排灣人起嫌隙，客家人則常以平地物產餽贈排灣族而友好關係。所以《恆春縣志》〈建置篇〉內只載有「客番」雜居庄，而沒有漳泉人與「番」人混處的庄頭。

【第三章】

他們和我有什麼關係？

慣例稱台灣有四大或五大族群，除了客家之外，

還有居絕對多數的福佬，

以及二次大戰後移入的外省人。

當然還有原住民，非正式區別為高山與平埔兩系的南島語族。

台灣客家的故事，

其實是和他們一起寫成。

字于棐熙丙戌年

年于乾隆巳郊年十

妣胡氏生于康熙丙

辛于乾隆巳郊年

廖妣　一在本鄉人星

孝仕公　生下五子

妣胡氏

長國　在唐

次奇堆　在淤水

三奇爵、在淤水

四阿塹、在嘉

五阿堅、在嘉

● 族群互動
福佬客與客福佬

一八六〇年的「奇冷岸拾股大湖公碑」，猶豎立於嘉義大林甘蔗崙朝傳宮前，見證十八世紀以來，本地區福建汀漳客家與廣東客家歷史性的水利糾葛。

從歷史事實的歸納來看，台灣的省籍情結不是近五十年才有的。清代台灣的分類意識，即相當著重閩粵省籍之別，而未必以方言群或族群為區別；其中以福建漳州府移民的情況最耐人尋味。

移民台灣的漢人主要來自漳、泉、嘉應、潮、惠、汀六個州府；其中泉州府為純福佬區，嘉應州和汀州府為純客區，漳、潮、惠等三府則福、客兼有。這種不同的背景，往往左右了移民來台後的分類方式及語言流變。比如宜蘭全縣、桃園北部、台中盆地、南投全縣、彰化東半部、雲林、嘉義及台南的近山鄉鎮，乃是漳州移民分布的大本營，這其中就包含了說福佬話和說客語的兩種人。或許最早即是在共同來自漳州府的認同下，兩個語群的人混居在一起，並團結對外。

如林爽文事件的最後，今日南投中寮的詔安客屬，提供同為漳州移民的福佬人林爽文（林氏為平和縣坂仔人）一條逃亡的生路，因而在中寮留下「爽文路」地名。又如一八一三年，南彰化的廣東饒平客屬締建永靖街，募集資金的名單中，沒有見到埔心鄉為數最多的漳州詔安客屬黃氏。而直到今天，社頭鄉的漳州南靖客屬劉氏，仍將周圍的饒平客視為客家，而自己不是。一八三二年的張丙事件中，起事者張丙為台南白河「客庄內」的漳州南靖客家，響應者為嘉義新港的泉州同安福佬人陳辦。二者喊出「誓滅粵賊」口號，夾攻嘉義北部的廣東饒平客庄。風潮所及，高雄內門的南靖許氏，也起而攻擊該地的饒平客劉姓。一八六〇年春天，當時的台澎最高軍事指揮官曾元福路過嘉義大林時，被一群農民互相扭打狠鬥的場面嚇到了，經瞭解才知道是為了灌溉水圳修築的宿怨糾紛，而鬥毆的兩造分別是福建永定江姓、南靖簡姓客屬集團，和五十三庄的廣東客家。桃園大溪一份一八一三年的古契約上寫道：「店屋退賣他人，須要漳人承頂，不得另賣別州別府等人」。訂約的李、呂等家族都是詔安客屬，他們卻說絕不接受在附近的廣東客屬前來承購。延至今日，桃園縣所謂「北閩

這份族譜陳述了一個詔安客家族的故事。住在，也葬在詔安二都的李仕，五個兒子中，三子奇爵最後埋骨蘭陽，因為他的兩個兒子在一八○九年移居日後的宜蘭員山結頭份。奇爵的兩個弟弟則分別前往南台灣的打貓（嘉義民雄）、佃子藍（雲林大埤）。然而或早或晚，二十世紀以後他們的子孫都變成福佬客。

「南客」的社會生態，其實也是漳州福佬跟漳州客站在一線，和該縣南半部的廣東客家分庭抗禮。諸如此類的想法與事實，展現了漳州人的分類意識，也透露了十八、十九世紀台灣的省籍情結。

由以上事證來看，漳州客往往依據省籍劃分，跟漳州福佬共進退，並未根據族群原則和廣東客屬密切合作。雖然康熙晚年的朱一貴事件中，曾有跨省的客家與福佬各自團結，形成此後屏東平原福客族群對立的局面，但卻是台灣史上的特例。

在紛歧的漳州閩客方言中，後來以府治龍溪為準的福佬話，被漳州移民廣泛使用，成為彼此溝通的共同語言，因而說客語的漳州移民漸次忘記了他們的祖語。所以，台灣的客家人當中，以漳州客屬和福佬人的互動為最深。在語言上，除了少數還會說詔安客語的家族外，來自漳州平和、南靖等縣的客屬語言業已消失無蹤；更不用說在信仰、習俗等各方面受到福佬人的深刻影響，況且還要再加上主觀的認同。所以，漳州客可以說是台灣客家中，福佬化最多、最深的一群。

事實上，台灣客家族群可以說沒有不受福佬語群習染的。不論移民來源，散居的客方言點都很難生存；縱使是客家集中的區域，也難免被福佬語言文化滲透和取代。

桃園和宜蘭的漳州福佬和客屬可說是合作無間，齊心把粵東客家趕到河的那一邊去，在桃園是老街溪以北，宜蘭則是蘭陽溪以南，致使現今北桃園的漳州客屬幾近全然隱形，蘭陽平原則是全面成為福佬語區。留居於北海岸與台盆地的汀漳客家也不例外，在廣大人口中畢竟仍是少數。大安溪以北的所剩的客家庄，就是大家今日熟悉的桃竹苗了。但是苗栗海線上通霄、苑裡等地的客語區，也在漸次萎縮中。

至於中部地區，台中海線泉州人轉趨優勢，台中盆地漳州人日漸強大，終於以武力迫使原處先佔地位的潮州客屬退居豐原以東的山線；而留居豐原、潭子、神岡、大雅等地的客家也走入歷史，不復於二十世紀發聲。清代晚期以來，對台灣漢人族群的分布向來有「泉人靠海，漳人居中，粵人近山」的印象，但是似乎只有台中縣最符合此說。西台灣大平原的大趨勢則是粵人居中，漳人近山，當然這些漳人中也不乏客家。

南彰化平原上的三山國

他們可能是你都認得的，但是你不一定知道他們都是福佬客。（由左至右）祖籍福建詔安的陳水扁、游錫堃、福建永定的李登輝，以及廣東饒平的張博雅。他們代表的是客家的光榮？還是客家的黯沉？

王廟群，正凸顯當地以饒平祖籍為主要居民的客家屬性，過濁水溪後，則連接西螺以西的詔安客語區。稍微間斷後，南連斗六的前粵籍九莊，再續接地跨雲嘉的五十三庄與嘉義縣新港、太保等較零星的客區。這條不太規則、也是以潮州客家為主的區域，恰好隔開了兩側的漳泉福佬。也就是說，今天若行駛高速公路，從溪湖交流道到水上交流道之間，客家幾乎一直或左或右與你為伴。

然而其中兩個最大的客家集團：南彰化平原與五十三庄，泰半與漳州人結盟，對抗西側泉州移民，客腔逐漸轉為漳州福佬話。所以在台灣割讓前，雲林縣內的客家已被視為「言語、起居多效漳人」。到了一九六三年，林衡道先生將南彰化這群自稱「客底」的人，命名為「福佬客」。

然而，也偶見相反的狀況，這就是「客福佬」現象。如桃園龍潭翁姓，楊梅、新竹新豐鄭姓，北埔莊姓，竹北六家陳、黃、王，苗栗頭份翁、蔡、周姓等家族，高雄美濃溪埔寮、外六寮，花蓮玉里客人城等聚落，則出現了原本為福佬人，而今客語說得遠比福佬話流暢的案例。但這種客家對福佬反方向的影響，還是無法和福佬影響客家的強大力量同日而語。

選擇離開，或者加入

他是知名的文學作家，也是身體力行的台灣民主運動的實踐者。曾戮力收集史料，完成清代客家生活背景的小說，一向被視為標準的苗栗客家。但是先輩卻來自福佬莊，經由收養關係成為客家。無獨有偶，南台灣也有這麼一位客家詩人，祖父出身福佬，祖母則是平埔族。他是知名的電視節目主持人，一次被人追問籍貫，以一貫調笑口吻回答：「江蘇苗栗」。

她擁有美國博士學位，在大學裡教授研究所課程，一口流利的客話，但姓氏卻在客家中罕見，久了才知她是所謂的外省第二代，客話是他母親的，也是她的語言。另一個她，在婚宴上悉依禮為長輩女性一一簪花，且流暢應對。其實，她更通曉一般客屬也不易掌握的南北各種客話。不到十年，一位福佬女孩就如此貼近客家，且即將成為一個客家媽媽。

因此，生活的環境與主觀的意願，流動了你我的身分。有人選擇離開，有人則加入，端視有意或者無意。

◉ 族群互動
平埔客與客平埔

　　平埔族原本是台灣西部與蘭陽平原的主人，和漢人大量接觸之後，固有文化及族群認同才日漸式微。在這場長達三百餘年的歷史劇中，客家與平埔在各幕的角色互異，既有兩性間的通婚共創未來，也有兩族間的資源爭奪對陣，豈是一句和戰興亡、悲歡離合足以道盡。

　　入居台北盆地的客家人，接觸的是凱達格蘭族；如開墾景美萬盛、新店大坪林一帶的廣東大埔廖姓移民，來台第二代皆娶平埔族人為妻。又如新莊的饒平劉和林家族，以及泰山的永定胡焯猷家族，都是和當地武勝灣社頭目訂約來取得墾地。身體中流著平埔的血液，耕耘著原本屬於平埔的土地，成為客家，甚至是全體台灣漢人的歷史基調。

台南白河六重溪的阿立母祭祀，這裡的平埔族從玉井盆地入墾此處時，即和客家遭遇。

　　移民桃園台地的客屬，最初在海岸遇到南崁社的平埔族。清初，南崁港是桃園台地的出入口，客屬多數由此進入內陸的中壢、龍潭地區。中壢和八德交界的霄裡，是南崁四社的另一部落。他們的頭目知母六，率眾開鑿了霄裡湖以供水利，並帶領客屬開闢了今日的龍潭地區。知母六後來也取了漢式的姓名蕭那英，其子蕭東盛又開拓了龍潭和關西交界的銅鑼圈台地。此後蕭家一直是龍潭地方的望族，幾乎與客家渾然無別。近年來知母六後人蕭柏舟還作過該鄉農會總幹事。

　　和桃園接壤的新竹，本是道卡斯族竹塹社域。隨新竹沿海漢人的逐漸增加，該社部眾退往山區，如罕見姓氏的三姓族人移居新埔鎮枋寮，衛姓入墾關西，衛家成為當地的大地主，所有的客家佃農都要到他們家的課館納稅。衛家課館正位在他們建立的聚落——關西老街——中心，而不久客家人就在不遠處建起了新街聚落，逐漸設法擺脫衛家的約束，甚至後來居上成為關西鎮的主要族群。衛家後人至今還住在他們開闢的老街上，守護著已經頹圮的課館。而奉祀竹塹社七姓平埔祖先的「采田福地」，仍屹立於竹北市郊，提醒新竹客家他們的「老頭家」身分。

新竹縣政府行政區的「道卡斯路」命名揭幕式，見證客家與平埔的關係淵源。

　　自苗栗三義鄉的鯉魚潭起，就進入了巴則海族的範域。鯉魚潭岐仔城正是他們的發祥地，台中豐原及神岡交界處則是核心部落的岸裡大社所在，周圍則分布著該族大小支社。客家移民張達京娶了頭目的姑姑後，權力無人可以制衡；張氏每開一條水圳，就要求平埔族人讓出若干土地才能得到水權，是為

「割地換水」協議。加上張氏接連娶了好幾位巴則海「公主」，而該族是由女性繼承土地，因此，他們的土地逐漸流失殆盡，有的退回岐仔城老根據地，有的到了南投埔里。更有一批穿越中央山脈，遠徙宜蘭羅東，與漳州福佬移民共闢土地；至今羅東人還供奉巴則海領袖潘賢文的牌位，視其為開基先賢。

台中沿海的拍瀑拉族，由於反抗鄭成功的統治，遭鄭氏部將汀州客屬劉國軒猛烈圍剿，位在今日沙鹿的沙轆社六百人口被屠殺到只剩六人逃脫，幾近是滅族的慘劇。到了雍正年間，清廷為求進一步確立統治，平埔族無奈之餘，發動撼動北台灣的大甲西社事件。

一七三二年，以大甲西社為首的中部平埔族，發動了清代最大的原住民反叛行動，燒燬了新建的淡水同知衙門。稍後，甚至襲擊彰化知縣，結果彰化郊區劉、賴等姓的饒平客屬出面搭救，多人因此犧牲。知縣脫險後奏請褒揚，興建「懷忠祠」奉祀死難者，這批客屬就此成為濁水溪以北最早的義民。

引發南台灣福客關係緊張的朱一貴事件，造成西螺地區平埔族與客家人的接觸。朱一貴奪下台南府城後，反清陣營內訌，結果閩籍諸將合攻原籍潮州海陽的杜君英，杜敗走虎尾溪，最後藏身在雲林崙背鄉的貓兒干社，才被清廷招降。西螺地區客屬接觸到的即是貓兒干社、南社、西螺等處的和安雅族。西螺客屬如果譏罵人不會做事，就罵他是「平埔虜」；這個蔑稱起源於樂天知命的平埔族，不像客家那麼賣力耕作。充分反映出兩者生活態度的差異。

在南部六堆中，右堆高雄美濃、杉林的客家，接觸到的是清中葉以來，從台南玉井盆地移居楠梓仙溪流域的西拉雅族大武壠支族。在美濃鎮的大頂寮，更有從杉林遷來、客家化了的潘姓家族。本區客屬可能因為常和平埔人接觸，而有吃腐肉——「肉筍」——的習慣，成為上游甲仙、小林等肉筍產地的主要消費群。過美濃溯荖濃溪而上，六龜二陂的大武壠人也接受了客屬的天公及龍神崇拜，由此直到上游的桃源，都常見大武壠人以客式的「伯公」來稱呼土地神祇。

屏東有些馬卡道族人被六堆客屬同化而改說客語，如內埔牛埔下、義亭、番仔埔，萬巒高崗、大林等處的潘姓人家。但馬卡道人多數還是改說福佬話。這些非客語的部落，仍染有門額堂字寫中間、女性先祖稱孺人等客家風習。內埔有杜君英莊的種種遺跡，是杜陣營的平埔部屬建立的村落。

二十世紀開始以後，南北客家俱往原稱「後山」的花東找尋新天地，對於早他們一步前來此地的平埔族，稱呼為「舊人」。而經過百年的通婚，一個個身上流著所有台灣族群血液的正港「台灣人」，於此誕生。

由於客家勢力的擴展，平埔族從台中流離到埔里，更穿越山脈來到宜蘭。宜蘭羅東慈德寺所供奉的賢文（潘賢文）牌位，見證這段貫穿時空的族群互動關係。

近山客屬好食「山豬漬」，係生肉發酵製成，疑來自原住民族影響。

大甲西社事件為清代最大的原住民叛變，遭襲擊的彰化知縣幸蒙客屬冒死搭救，清廷為此十八位粵籍犧牲者興建「懷忠祠」奉祀。

◉ 族群互動
中央山脈的主與客

　　隨著農墾區的推移、清朝政策的「開山撫番」，且因緣際會地恰逢十九世紀末國際樟腦市場的興盛，嫻熟樟腦生產的北台灣客屬，終於與中央山脈北段的主人泰雅族遭逢；這場爭取生存空間的衝突，當代學者逕稱「樟腦戰爭」。

　　北台灣的客屬面對的是勇猛善戰，男子必須經由獵首方能完成成年禮的泰雅族，因此從入墾以來，關係始終緊張，直到日本政府以武力壓服泰雅族才稍微平息。沿著桃竹苗中投宜等縣客屬和泰雅的交界，便是清代以來的隘防線，沿線守禦的客屬隘勇，常被神出鬼沒的泰雅人取走首級。

　　苗栗卓蘭、大湖是泰雅抵抗客家墾民最激烈之處，劉銘傳督師經年，損失火砲及數千將士，卻只獲泰雅首級兩顆。卓蘭軍民廟的設立，就是紀念當地被泰雅所殺的劉銘傳部屬。最後清軍封鎖泰雅人交易路線，使其得不到食鹽等必需品而終於求和。

　　隨著出草威脅的消弭，客屬湧入泰雅部落，先是經商販售，以後更發展產業，植果、種菜、養鱒。因此在梨山以西的中橫西段與宜蘭支線上，一般碰到最多的，不是東勢客就是宜蘭漳州客。

　　更貼近竹苗兩縣客家的賽夏族，彼此關係更是恩怨情仇混雜。賽夏族北群位於新竹縣五指山區，客屬籌組了金廣福墾號，以武力進墾北埔、寶山、峨眉等地，使其勢力大消；因此他們和泰雅族親近，泰雅化較深而和客屬不睦。賽夏族南群位於苗栗南庄、獅潭一帶，和泰雅時有衝突，到日本時代頭目之女還遭泰雅殺害，所以南群跟客屬親近，共抗泰雅；不少頭目都招贅客家女婿，或收客家人作養子，甚至繼承大位。客家墾首則娶賽夏女子，世代兼取漢名及賽夏名。客賽兩族並曾合作迫使福佬人放棄入墾南庄的計畫。這種密切的互動使南群語言、習俗深受客家影響。時至今日，每逢南庄向天湖的矮靈祭舉行，不少客家人還特地上山看賽

沿著客屬和泰雅族的交界，便是清代之隘防線。圖為台中石岡之土牛地界碑。

日本領台之後，將原「隘勇線」大幅向內山推進，客家人多充隘丁，站在原漢衝突的第一線。

吳光亮從竹山帶來慚愧祖師的信仰，遍布至南投沿山鄉鎮。

夏親家當爐主、作鬧熱。

清末潮州揭陽客屬吳光亮率兵開闢中路越嶺道，從南投竹山通往花蓮玉里，一路上遭遇的都是布農族。吳的客家部屬後來有些留下，定居在中寮鄉的鄉親寮。他從竹山帶來了慚愧祖師的信仰，被視為有「防番」作用，因而流傳遍布了南投南區的沿山各鄉鎮。信義鄉在日治以後也湧入眾多客屬，與鄒族、布農族混居。

阿里山鄒族稱福佬為puutu，稱客家為kheanga，乃跟著福佬人以「客人仔」稱呼客屬。鄒漢關係中最重要的人物吳鳳，就是漳州平和大溪的客屬移民。吳鳳被日本政府塑造為捨身取義的烈士固屬誇誕，而鄒族山美社殺死吳鳳後發生災疫，遂停止對漢人出草（仍對布農族出草）卻是事實。左近鄒族的福客漢人，如阿里山鄉豐山村，至今仍奉吳鳳為村莊守護神。日本人開通森林鐵路後，客屬湧入沿線，尤以十字村最多。高雄美濃也是鄒族故地，原居此地的美壠社後來因客屬入居，退至桃源鄉，但仍維持舊社名。

屏東的魯凱、排灣族，因居傀儡（大武）山而被稱為「傀儡番」，日治以後原客相處融洽，常見婚姻、收養關係。美濃文學家鍾理和有以《假黎婆》為名的小說，「假黎」就是「傀儡」。然而客屬入居六堆之初，原客衝突紛見。尤其是長治客屬侵入三地門引水源以灌溉，促使排灣族出草報復，殺死客家墾民。乾隆以後採「以番治番」政策，將屏東平原上的平埔族徙往大武山沿線屯墾，此後六堆就夾處福佬和平埔聚落之間，而與排灣族隔絕開來。

姚龍妹是六堆內埔新東勢到滿州港仔的客屬移民，嫁入頭目家族開展她傳奇的一生。

至於南遷恆春半島的六堆客，則遇上排灣化的卑南族「斯卡羅人」。斯卡羅十八番社頭人潘文杰之孫潘文吉，在巡視途中遇到一名美女，便下令強娶回家；娶後發現言語不通，才知名叫姚龍妹的新娘是客屬。她在夫婿早逝後力持家業，並請來美濃的地理師為潘家整理族譜，修建風水考究的墳墓。她有計畫地收集潘家文物，可惜被不肖人士騙去甚多。雖已過世多年，遺骨和客式髮髻猶然未腐，訴說著姚氏傳奇的一生故事。她的媳婦謝佳佐，也是客屬。

自恆春半島旭海、港口以上直抵花蓮市，眾多客屬和阿美族比鄰而居。如台東市的馬蘭聚落，即由阿美族和苗栗通霄客家移民組成。無論在花東海岸或是縱谷，許多生於斯、長於斯的客家子弟，學到的第一外語是阿美語。

卓蘭軍民廟記錄了劉銘傳部屬之湘軍，慘遭泰雅族襲殺之歷史。

◉ 族群互動
唐山新客與台客

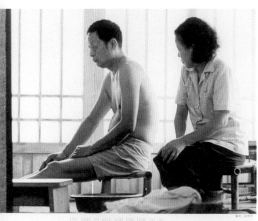

馳名國際的電影導演侯孝賢為唐山新客，自傳色彩濃厚的作品「童年往事」（一九八五），拾掇了戰後來台的客家家族故事片段。

一九四九年隨國府來台的軍民中，有四分之一以上來自閩、粵兩省；其中包含很多福建及廣東的客屬。彼處客家人生活環境不寬裕，所以從軍者眾；又因文教普遍，以任職參謀文書者多。黃埔軍校居粵省核心，粵東客屬多所投效。後來國府遷台，這些客屬將士也跟著來台，如方面軍指揮張發奎、司令薛岳、鎮壓二二八民變的柯遠芬、提倡修復六堆忠義祠的羅卓英等皆是。此外還有來自江西南部的客屬，如上將賴名湯、蔣經國總統的親信王昇，肇因蔣氏曾任贛南專員。政界則有監察院長余俊賢，學界有台大文學院長吳康、清華大學校長梅貽琦等。

還有散布各處的社會人士，如倡建嘉義市南田路三山國王廟的知名漢醫，人稱「客人仙」的張穰階。有「六堆大家長」之稱的大仁學院校長黃道宜，美濃鎮陶藝開創者美濃窯的朱邦雄，演藝界諸如侯孝賢、張小燕、黃鶯鶯、吳大衛等，宗教界如釋昭慧法師。花蓮富里鄉東竹，甚至有外省集居的客屬聚落。

外省客一如其他祖籍的外省人，特別集中於台北。台北市有嘉應五屬、永定等多個外省客的同鄉會；以羅斯福路、汀州路一帶會址最為密集。而居住於桃竹苗、六堆客庄內的外省客也不少。他們有些人來台後，因語言關係特意定居客庄，甚至和當地客屬通婚。

公共電視「曾經」（二〇〇〇）劇照，原作者愛亞出身新竹湖口眷村，作品道出一個外省女孩經歷過的客家小鎮生活。

【第四章】

他們和我有什麼不同？

工作吃睡玩樂，可能是你生活內容的全部。
但是有時你也會想起周圍的人，
對生命、生活重新思考、感懷一下……，
客家也是一樣。
以下，是你與客家的心靈與感官接觸。

●文學
從客家書寫到書寫客家

代表官方看法的清朝地方志，對於閩粵靠海漳泉潮三府福佬的印象，慣例是說他們有魚鹽之利，所以多從事工商等「末業」。至於居住在兩省內陸山區的客家，除了覺得強悍點外，卻也稱讚他們文雅好學，這是來自閩粵原鄉的觀感。一般印象中，台灣客家也繼承了這個尚文的傳統，但不免被誇張了些，「聖蹟亭」就是一個例子。

傳統中國社會對於文字書寫的重視到了極點，將有字跡的紙張都神聖化，不可以任意污穢與拋棄，須收集起來火化。專為焚燒字紙而建的場地，就是聖蹟亭或敬字亭。本來敬重文字一種普遍現象，但是至今台灣的聖蹟亭幾乎都僅見於客家地區，所以經由報導與傳播的強化，聖蹟亭與敬重字紙已變成客家的專利！

但在這個資訊爆炸的時代，現今連最後一個專收字紙的美濃庄也不復以往，然而客家的書寫傳統還是高於其他族群。一件事或足以證明：大家都有祖宗，但是客家宗族的族譜質量都高於福佬，或許因為他們覺得有必要在古往今來之間，標記自己的位置。

二十世紀開始以後，台灣各族群在東台灣紛紛相遇。一個福客混居的社區內，需提筆上陣時，往往由客屬出馬。所以在花東，無論南北客、福佬，甚至平埔族的家宅，門額的堂號多半是堂字寫在中間，這當然是沿襲慣行此例的六堆客屬。在信仰宗教方面也是如此，逢祭祀慶典，書寫疏文表章交給客家，而附身起乩、操演八家將則多由福佬擔綱。

或許這些應用層面的文字屬雕蟲小技，不足稱奇。真正尚文的傳統要在文學創作上才算見真章，那麼就從白話文寫作的新文學或現代作品開始看起。

冠有「台灣新文學之父」榮銜的賴和，在後人整理遺作時才發覺他的客屬根底，也是漢詩人的他如此寫道：「我本客屬人，鄉語竟自忘；淒然傷懷抱，數典愧祖宗」。賴和生於一八九四年，已是彰化客語客俗退潮之際。

雖然客家地區較常見到惜字亭，但它並非客家文化專屬特色。

鍾肇政為台灣長篇小說寫作的示範者。

爾後，台灣的漢文或說是中文寫作傳統，在日本殖民教育政策下中斷，所以一九三〇年代以後的文學創作多以日語書寫。兩位畢生使用客語的新竹作家，分別呈現殖民時代晚期知識人的不同心態。北埔的龍瑛宗沈潛於內心世界，探索人類細緻的的情緒思維。而新埔的吳濁流則於現實中淬礪思考，昂然發聲！吳濁流於一九四五年完成的《亞細亞的孤兒》為日治時期台灣文學的有力句點。除了回首被殖民的遭遇命運，竟也預告了台灣此後的可能處境。戰後吳氏勉力改用中文寫作，身故後始問世的《台灣連翹》則超越文學價值，成為探索二二八的史料。不僅只是創作，一九六四年他創辦《台灣文藝》雜誌，在反攻年代中，勇敢地高舉本土文學的薪火。吳氏以其一生的堅毅，體現了客家的「硬頸」精神。

另外，早年即被譽為奇才，且輕易跨越日漢文轉換的呂赫若，作品多以控訴封建社會與家庭的病態為題材。終其一生堅持左翼思想的他，據說最後是在鹿窟事件中劃下生命句點，足稱死得其所。出身台中潭子的呂赫若，後人方才知悉，他也是福佬客。

一九五〇年代台灣的中文環境底定，原以日文寫作的台籍作家遂陷創作泥沼。六堆客屬鍾理和，早年突破世俗圍見，欲締結富家子與女工的同姓婚姻，因此而遠颺滿洲異鄉，歷練了兩種語言與社會。戰後歸返美濃，於貧病困頓間仍創作不輟，後人譽為「倒在血泊中的筆耕者」。今日信步在美濃笠山下鍾理和紀念館的「文學之道」，你當體會台灣文學與台灣人的艱辛旅程。

有沒有看過林海音的《城南舊事》？其實除了北京，她還有一個擬想的心靈故鄉——苗栗頭份。主持聯合副刊多年、發掘新秀無數的林氏，也是戰後歸鄉的客屬作家。

北埔的龍瑛宗沉潛於內心世界，探索人類細緻的思維。

李喬的《寒夜三部曲》同樣是縱橫時空的巨帙長歌。

另一位成功跨越日漢語鴻溝，卓然成家的例子是龍潭的鍾肇政。他的系列長篇小說《台灣人三部曲》、《濁流三部曲》氣勢磅礡，傲立台灣文學里程。無獨有偶，苗栗客屬李喬的《寒夜三部曲》、《埋冤·一九四七·埋冤》，也同樣是縱橫台灣時空的巨帙長歌。文學形式上，嘔心費時的長篇小說寫作，客屬作家的確已達示範之功。而社會責任上，鍾、李兩位多年潛心釐析歷史經驗，並以妙筆化為巨幅珠璣，自覺覺人，於一九八〇年代後登高疾呼，鼓吹民主運動。近年六堆客屬詩人曾貴

鍾理和為了寫
作理想，燃燒
生命，堪稱
「倒在血泊中的
筆耕者」。

海也循此途奉獻，近年並籌組「南社」，自南台灣觀點省視時局。

一九六〇年代學院內主流的現代主義，曾指導締造了台灣短篇小說的高峰。西洋風潮流散後，繼而挺進的是鄉土文學寫作。這批生力軍可能也曾是蒼白的文藝青年，但更冀望社會改造的遠程目標，所以美濃的吳錦發、楊梅的魏貽君等人，都由創作轉為社論寫作。隨著現實議題的多元開展，徐仁修、林雲閣的環保議題，鍾喬的寫實劇場，杜潘芳格、劉毓秀的女性發聲，藍博洲的白色恐怖揭秘等，都成為青壯代客屬作家一肩挑的使命。如果福佬客也算進去，還得加上濁水溪畔的宋澤萊。

文學史料的整輯是文學研究的基礎，數十年苦勞此途的張良澤，創建了高等教育系統中第一個台灣文學系。他是遷居埔里的員林福佬客。然而，踵其後辛勤整理台灣作家書信的物理學博士錢鴻鈞，卻是客化的新竹道卡斯平埔後裔。

對於整體台灣文學，客屬作出遠高於人口比例的貢獻。但是他們不以客家在台灣文學中的比重為滿足，更希望能陶鑄出「台灣的客家文學」，所以在廣義的台語文運動浪潮中，依然可見客屬作者力爭上游。因此，新的客家文學世紀，我們期待。

呂赫若早年即被譽為
奇才，以控訴社會病
態為題材，不幸英年
早逝。

主旋律間的隱喻：外省—客屬作家

解嚴後的一部電影「悲情城市」，讓人重新想起台灣整體命運的悲情，且體會再三。這部電影的導演侯孝賢是戰後的新客，原籍廣東梅縣。編劇朱天文，當時身分證上籍貫欄寫的是山東臨朐，然而她的母親卻是來自苗栗銅鑼。喔！別忘了另一個文學電影人小野，他父親是永定客家。

朱家姊妹可能腦海中不時縈迴著她們的眷村兄弟，但是也曾和侯孝賢一起回去銅鑼過冬冬的假期，雖然侯導在鳳山已告別了講客話的童年往事。在最想念的季節裡，那個作風驚人的都會女子來自萬巒的劉家。充滿理想的好男好女，高亢的山歌中，上一代人的原鄉廣東已經行過。所以雖然已近中年，意識漫行於台北、京都兩個古都的時空之間，看到和洋混血的建築，總勾起她對外公家的記憶。

在台灣文學與電影交纏匯通、共放異彩的一九八〇年代以來，有許多兼有外省與客家雙重身分的作者，在主旋律間一再隱喻他們的母語原鄉。

◉信仰
過個客家年

客家和所有的漢人一樣，共享一年中的新年、元宵、端午、中秋、重陽、冬至等歲時節慶。但是若干細節與幾個特有的節日，卻與其他族群有所差異。這些也被視為辨識客家根底的證據。我們不妨以整個過年的習俗來觀察。

客家過了臘月廿四就「入年假」了，當日福佬人送所有的神明歸返天庭，但是客屬僅送灶君上天述職。所以以往在宜蘭若干福佬與客家混居的聚落內，客屬家族當天不往廟裡參加送神儀式。「年三十」除夕與正月初一是年度週期的銜接點，客家在這兩天內依序敬天、祭祖、拜神。所以除夕的子時過後，北部客家地區鞭炮聲大作，向至高無上的天公獻敬。天亮後則往祠堂公廳祭拜祖先，年初一則走訪各廟宇答謝神恩。

家族集體「掛紙」掃墓，亦為客家逢新年頭的大事。

元宵節吃完湯圓、提過燈籠後，客家地區就紛紛開始「掛紙」，這是客語所稱的「掃墓」。以往對此時機的解釋是為了早點完此大事，好回到工作崗位上。其實不然，因為許多大宗族的掛紙日期，是採用某位祖先在春季的壽辰或忌日，所以當然沒有統一的日期。這點與泉裔慣用三月初三，漳裔以清明日掃墓有別。

中國創世神話中有「女媧補天」的傳說，現今漢人社會仍有「補天穿」的風俗，但在華南地區僅見於客家。正月二十是為「天穿日」，因為「天穿地漏」所以不用工作，作了也是白作。延續天穿日休閒的傳統，所以在新竹竹東有山歌大賽，全台各地善歌者畢集較量。而這天也才是新年的結束。

正月二十「天穿日」賽山歌後，客家的新年方才結束。

◉信仰

客家過一年

秋收之後「完福」或「圓福」演出平安戲，以答謝神恩。

　　過完新年後，真正的一年開始了。年中逢本庄主神的千秋日，客家也和福佬一樣，熱烈慶賀，但是對於攸關全社區命運的神聖節奏則更加重視。

　　比較起來，台灣的泉州後裔非常重視天公玉皇大帝，而包含福客兩族群的漳州移民，則還加上對於天、地、水「三官」的崇敬，客家這點與漳裔相同，所以正月十五的上元天官誕辰，慣例是「起福」或「祈福」的日子。

　　台灣客家所謂的「福」，或者又稱「太平福」，用現代的話來說就是社區全體的福祉命運。所以在年初要向天地諸神祈福，庇佑全年風調雨順；而東勢與六堆還保有「打新丁粄」的風俗，介紹家中的新生兒給社區全員認識。

　　到了七月則是中元，在燠熱的夏天裡，第一季作物已收穫，二季作物已下種，正是年中檢討的時刻，所以向地官祈求赦罪。也由街庄大廟的主神出面舉辦普渡，向同樣跨過黑水溝來此，卻無子嗣奉祀的先民普施博濟。

　　時序漸入冬，年度內重要的作物都已收穫。十月十五是下元日，慣例在這天「完福」或「圓福」，答謝農業生產的豐收，若不如人意，也希望來年更加順遂，這是向水官祈求解厄。由於台灣的生長季較長，所以也見延至十一月才圓福作「平安戲」或「收冬戲」。

　　三元日的節俗，來自客家對農業生產與社區全體關係的重視，所以奉祀三界爺（三官大帝）的三元宮，成為不分來源、普遍客家地區最常見的廟宇神祇。對於上蒼諸神，有始有終的祈福與圓福，也是客家較嚴格地在執行。

客家慣例在正月十五前後「起福」或「祈福」，並打「新丁粄」介紹家中新成員給全社區。

◉信仰
神在廟祖在廳

　　「神在廟，祖在廳」這句諺語表現客家信仰行為的宗旨。的確，即使在彰雲嘉福佬客分布的「前客家」地區，你也可以看到較其他地區更多的宗祠，而且慣例宗祠內僅奉祀祖先，若有神明，也請祂屈居一旁。在祭祀祖先供品上也較隆重，採用牲體而非菜碗。西部平原上許多阿媽追憶年輕時光時說，初嫁入夫家時不覺有差，祭祖時才從三牲供品意識到，夫家原來是「客底」。

　　若認真統計台灣的祭祀公業，相信客家地區質與量一定較高，客語多沿用文言文稱其為「蒸嘗」。蒸嘗有許多是祖先不欲加重子孫負擔，所以預留土地以備自己身後祭祀之用，也有的是後代釀資置產以表達對祖先的孝思。因為缺乏蒸嘗的宗族，是會遭人輕視的。當然崇敬祖先是漢人的普遍風俗，但是今天看起來，能在工商社會中延續不斷的，也以客家社會較多。

　　延續蒸嘗的精神，客家甚至將祖先視為與神明接觸的代表，這就是所謂的「公號」。公號原先可能是一位祖先的名字、墾號甚至是店號，日後形成其派下所有子孫的組織，以此為名參與祭祀、護持神祇，甚至是專為此目的而設立、存在。

　　迄今所知台灣兩個動員範圍最大的中元祭典組織：新埔義民廟地跨桃竹二縣一市的十五大庄，以及雲林大埤新街三山國王廟地跨雲嘉兩縣的五十三庄，祭典執事都是由公號出面擔綱，也就是說象徵宗族成員集體的參與。以公號負責神明祭祀的例子，於福佬族群間幾乎罕見。

　　福佬有以「字姓」——亦即一個姓氏或多個相關姓氏所組成的單位，去從事神明的祭祀。公號與字姓內部的關係，自然是親疏有別。

從南到北，無論何種客家、不管還會不會客話，總以最虔敬的態度敬奉祖先。所見依序為新竹關西鄭氏宗祠、彰化社頭芳山堂劉氏宗祠、嘉義市許氏宗祠、屏東內埔李氏宗祠。

◉信仰
拜伯公・敬龍神

遨遊在美濃的山水田園間，不知不覺天色已黑，偏偏又似乎迷路了，突然在路口轉角的樹下，車燈照出了一座最嚇人的……，別怕，你沒有吵到「人」，反而這座是客家人最親近的「伯公」。怎麼會！有墓碑有墓龜，也沒神像？

「伯公」是客家對福德正神的暱稱，原意是祖父的兄長，連宜蘭已經福佬化的漳州客也如此稱呼。傳統上，伯公壇的外觀非常類似墓冢，何以土地神祇以這種形式出現，原因不甚明朗。可能跟客家相信土地為萬物承載生養者，所以不能以建物覆蓋，而且後方還要有樹木，以便接受天空的靈氣有關。或者，最親近的伯公，就是神界與人間溝通的銜接點。

不過，現在客家人已經不忍心讓伯公風吹雨打，紛紛為祂塑像建廟。所以在北部客家地區，傳統墓冢式的伯公已近乎絕跡。

高雄美濃的寺前伯公，乍看之下與墳墓沒有區別。

花蓮與台東之間東海岸最大的市鎮成功，舊稱新港，是由日本人一手打造的漁港。原先全鎮最多的漢人是來自屏東的客家。所以新港的福德宮，就在神龕下先奉祀了龍神，等福佬人多了，再加祀虎爺。

龍神與虎爺

在神明的座龕底下，你會看到什麼？一般可能是「虎爺」吧。但如果是「龍神」，那就表示這是相當傳統的客家廟宇。

客家人相信建築物，尤其是奉祀祖先、神明的正廳或廟宇，必須慎重其事，所以必須依照風水規畫，並且要「牽龍」接引天地山川的靈氣前來，所以在神案之下都會奉祀龍神。

祭祀神明的空間配置上，客家還有一項與福佬人不同的特點，那就是家宅的天公爐在外。福佬人習慣將天公爐懸掛在廳堂內，但是客家卻將「天神爺」或「三界爺」的香爐設於屋外。所以你在六堆，尤其是古風依舊的美濃遊玩時，會發覺各戶正廳前總有一個插香的架子，那就是客家人向至高的天神致敬之處。

◉信仰
祖神之間義民爺

每年陰曆的七月二十日，總有人往新竹新埔、桃園平鎮的義民廟「擠」去，觀看裝飾華麗的驚人巨大豬隻。正午的大太陽下，山歌、八音與花鼓喧鬧聲中，你想不想知道義民爺多一點的故事。

簡單說，義民爺是在清朝兩次變亂中死難的義軍。無論是一七八六年的林爽文事件，或是一八六二年的戴潮春事件，全台各地，都曾為這些非正規部隊的犧牲者建立廟宇祭祀，何獨北台灣客屬以此浩大排場表達敬意？住在楊梅的陳老先生翻開族譜，指著渡台二世的某個名字，說這位祖先就是義民。所以「義民廟等於是我們的家廟！」

那到底有多少人信仰呢？一八七八年新竹內山的金廣福大隘地區加入後，

桃園平鎮褒忠祠下轄十三大庄，為中壢都會區義民信仰中心。

義民節以善渡亡靈、擴大關懷於無依孤魂為尾聲。

「正供」是義民節祭典的最高潮，十五大庄值年者在七月二十正午以全豬、全羊，對義民爺與其他天神獻上至高的敬意。

農曆七月十八至二十日的義民節中，廟方慣例供應「糖糜」（薑汁甜稀飯）以饗香客，一九三〇年代砂糖用量即達五千多斤。

義民祭典已成為北台灣客家族群最大的宗教盛事。至今祂轄下已達十五大庄，換算成行政區為十九鄉鎮市內近二百五十個村里。平鎮義民廟的十三大庄也達到兩市一鎮內的近百個里。台灣恐怕罕有其他的祭祀組織可和義民爺匹敵。

輪值新埔義民廟中元祭典的第一庄六家，也參加了鄰近蓮華寺七年一輪的中元祭典，所以碰到一年內擔當兩處祭祀的年度，六家庄民須畜養兩頭神豬，各自於義民廟與蓮華寺獻供，但是六家的民眾往往以較大的豬隻獻給義民爺。雖然蓮華寺的主神是觀音，但相形之下，在他們心目中還沒有義民爺重要。

而且義民信仰等同於北台灣客家的象徵意義，並未因時代演進而曾稍減，反而是與時俱進，且突破信仰的界域。在近年客家社會運動或社會議題中，義民爺幾乎成為全體台灣客屬的圖騰。

福佬話有一句俗語「近廟欺神」，似乎在同樣的邏輯思考下，對於有幾百年，甚至千年以上歷史的神明崇敬有加，這應該是因為歷千年來神蹟不斷的緣故。但是對於墾拓過程中亡故的先人，幾乎都以一種畏懼、打發的心理去面對。就算有成神者，也不是那麼重視。在今日本土化風潮中，這是不是否定拓墾台灣先輩的過去，成為一種自棄？

在台灣最馳名的本土神祇中，除了被推崇為開台聖王的鄭成功，與遭到知識界圍剿的吳鳳，北台灣客屬的義民爺算是特例——雖然祂也屢遭政治上正確與否的質疑。但是以信仰的實態來看，「上帝的歸上帝，凱撒的歸凱撒」，信仰沒有對或錯。客屬對義民的崇敬，充分展現他們立足本地的自信。

所以當馬關條約簽定，日本軍隊登陸後，幾乎長驅直入福佬官商為主的台北城，但是在桃園以南卻碰到客屬的浴血抵抗，這又是另一批保鄉衛土的義民。

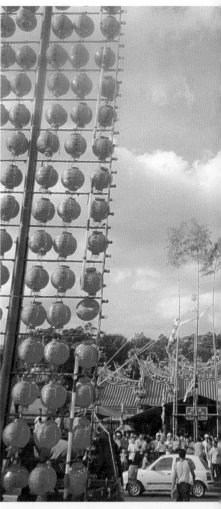

一七九〇年落成的新竹新埔枋寮褒忠祠義民廟，一直是北台灣客家的信仰中心。

奉飯與犒軍

生長在鄉村的福佬人，一定對於犒軍或賞兵不陌生，每逢初一十五都會準備飯菜，到廟口或在自家門口祭拜保護村莊的天兵天將。這是相信主神的軍隊在冥冥中保衛著聚落，所以需要定期犒賞。客家村莊罕見此舉，即使如六堆萬巒、佳冬、東勢大茅埔等地，在聚落外也建有給天兵天將駐紮的五營，但也鮮見犒軍。

然而北部客家卻有一個與犒軍形似而質異的風俗，那就是對義民爺的奉飯。奉飯也是以碗碟承裝的菜肴加上米飯，還有最常見的雞酒（以麻油米酒燉煮的雞），前往供奉義民爺的廟宇、宗祠去祭拜。不過，犒軍是向外拜，而奉飯則是向義民爺的黑令旗行禮。截然有別。

奉飯的起源不甚清楚，大概當年義民軍出征，大家簞食壺漿以迎送子弟，所以沿襲成例。另一個可能則是北台灣客家將義民爺視為自己的親人，所以待之以家族之禮。

若干義民軍壯烈犧牲成為義民爺後，少數有家有室的由家人領回埋葬，而單身在台的相信居絕大部分，就由鄉親為他們辦理集體的喪禮並合葬。

一般人在「除靈」，即撤除家宅供桌之前，在世親屬每日三餐需要準備飯菜供祭，稱為「擔飯」。而在經過埋葬後，仍須經過「撿骨」，並與祖先牌位「合火」，才算真正完成人世的旅程。但是單身在台的義民爺並沒有合火的機會了，所以得一直以飯菜供祭，可能因此演變成對義民爺「奉飯」的風俗。迄今桃竹苗若干地區甚至輪流每天為義民爺奉飯，而這種習俗也為東遷至花蓮富里的北客所承襲。

對照每年七月二十義民節時全豬獻供的盛大場面、逢年過節往義民廟備三牲酒醴的虔心禱祝，奉飯一舉，似乎更流露北客對義民爺的殷殷紀念之情。

傳說討伐林爽文的義民軍以黑色旗幟為號，所以後世以黑旗象徵義民爺。桃竹苗乃至北部客家的遷居地，常見各家宅、宗祠奉祀。黑旗須往義民廟「過爐」增添靈氣，若家長身故或搬家則要更換。

「奉飯」是客家人在廟裡對義民爺敬奉菜飯，與福佬人的「犒軍」絕對不同。

● 信仰

三山國王解謎

道光年間加走庄弟子敬獻給三山國王的香爐，仍保留於嘉義太保。

對照台灣本土產生的義民爺，三山國王被視為是客家的原鄉神祇，其實不盡然；而且經由各種歷史因緣，三山國王在台灣呈現的是不同的形貌。

傳云在隋朝時，廣東有神人三兄弟，領受天命分鎮巾山、明山、獨山等三山，日後歷朝歷代屢次顯聖，護國祐民，宋朝時受誥封為「三山國王」。三山位於潮州府揭陽縣（今劃歸揭西縣），因此成為潮州府的代表性信仰，並傳播到鄰近的惠州府與嘉應州部分地區。日後三府州的移民將三山國王奉往台灣，因為這些移民中以客家居多數，所以客家與三山國王遂被劃上等號，但這種說法不完全正確！

三山國王——西台灣大平原上的客家索引

在前面的客家分布情況中，細心的讀者可能會發現，過了大甲溪以南，北起台中、南至嘉義，三山國王是最佳的客家索引工具。

台中縣豐原地區今日已鮮聞客語，但是豐原慈濟宮媽祖廟仍陪祀國王，上南坑等地仍有國王廟，隱約道出豐原一帶原先的客家色彩。而海線的清水、沙鹿都有客屬東遷豐原、東勢以後留下的國王廟。

南彰化平原上的員林等鄉鎮的饒平客家，除了以荷婆崙霖肇宮形成的十一廟、廿一村里大祭祀組織外，尚有關帝廳、永靖街、員林街、枋橋頭等獨立系統廟宇，蔚為三山國王之鄉。荷婆崙更分靈予濁水溪南岸的西螺客屬。

雲林新虎尾溪以南仍以饒平客屬居多，因此三山國王神威大揚，斗六附近的前粵籍九莊齊聚爐下。祂更在北港溪中游兩岸，統率地跨雲嘉兩縣的五十三庄，形成台灣最大範圍的三山國王信仰組織！西行至北港附近，雍正年間以來的潮屬移民仍在三山國王庇蔭下，緩衝漳泉之間。跨越

雲林土庫埤腳的福安宮主神包括三山國王、五年千歲與邢府千歲，顯示這是一個客屬東遷之後，泉裔主流的社區。

牛稠溪，十九世紀散逸的加走庄國王，迄今仍為太保市若干庄頭的主祀或陪祀神明。而在這些區域以西，雲嘉兩縣的泉州祖籍人群中的國王廟，大抵為客屬東遷後的遺址。

　　三山國王真的是客家索引？的確，不過還是有城鄉差別。因為城市中的國王不一定完全由客屬所奉祀！

彰化是台灣第四個行政中心，不例外的，在城內的南街也建有國王廟，創立時間也是乾隆年間。自信徒名冊推斷，日本時代彰化國王的爐下善信還包含福佬、客家兩族群，但是現在以二次大戰後的潮汕福佬移民佔多數。而彰化的汀州移民則建立定光古佛廟作為信仰中心。

嘉義的汀州媽祖廟可能在一九〇四年大地震後消失，但是晚府城十年興建的廣寧宮三山國王廟，卻在幾經天災人禍後，迄今仍屹立於嘉義西門內。

城市中的客家與三山國王

　　台灣最古老的四個行政都市：台南、鳳山、嘉義、彰化，我們都可以在象徵統治的城牆內找到三山國王廟，至少找到文獻所載的遺跡。客家一向被視為鄉居的族群，但是為什麼台灣的幾個老城中，卻都有兩百年以上的國王廟呢？

　　五方雜處是現代都會的特色，但其實清代台灣都市的組成也是多元的；不但漳泉兩府各縣的移民都有，來自潮州府的福佬、客家也有，汀州府的

移民更不在少數，甚至連興化、福州人也未缺席。他們除了買賣地方特產外，也提供若干專業手工藝服務，如此都市的工商業機能方能完滿。某類移民達到一定人口後，便會建立供奉原鄉神明的廟宇，這些同鄉——往往也是同業，就以此廟宇為會館。

　　台灣傳統都市中，都有代表潮州、汀州府移民的廟宇或神明會，反映了客家商人或工匠，在清代台灣的都市經濟中佔有一席之地。但是三山國王不一定可作為當然的客家指標，因為此處的國王為潮州府福佬與客家移民所共祀，而全屬客家的汀州府移民則多見奉祀媽祖或定光古佛。

與原住民互動的三山國王

　　如果認為三山國王僅僅代表祖籍與族群的認同，那真是否定了你我的台灣生活經驗。因為三山國王在台灣居住幾百年後，濟世救人無數，所以信徒早已跨越族群的藩籬。

　　在台東縣的東海岸上，舊地名叫彭仔存的長濱鄉城山，有一座三山國王

台南的三山國王廟，乾隆初年創建時，主事者福、客皆有。一八七五年以前，台南是台灣的最高行政中心「府城」，所以台南的國王廟在一八六二年重修時，募款範圍還擴及到今日雲嘉的五十三庄客家。但是到了日本時代以後，就漸次轉變為純粹潮州福佬管理的廟宇。

台東長濱城山的寧城宮三山國王廟，爐下弟子大都是平埔族。

廟。這裡的國王可能是客家所請來，但是目前的城山聚落，或者國王轄境的整個寧埔村，卻以馬卡道平埔族的後裔最多。三山國王一樣庇蔭著爐下的平埔信徒。

　　霧社以北中央山脈的北段，是泰雅族的生活空間，也是最佳的樟腦原料區。為了樟腦與其他的山產，十九世紀福客兩系漢族一直侵入泰雅族的領域。所以在東勢、新竹與宜蘭的近山地帶，就虔奉三山國王作為入山保障。這三個地區的民間傳說中，都有三山國王與泰雅族戰鬥的故事。

　　當然，不僅三山國王可以嚇阻來襲的原住民，更晚拓墾的苗栗山區則以義民爺為心理上的先鋒，在南投則以慚愧祖師為安全保障。

三山國王中排行最小的獨山國王，傳說中卻是法力最高強的一位。對照大、二王的袍服、斯文形象，鎧甲武裝且執劍的三王，被信徒認定最擅長除妖伏魔。宜蘭地區甚至出現了所謂的「武身三王」，武裝且騎馬的三王，不但戰鬥力充足且機動迅速，可立即飛馳前來解除信徒的危難。

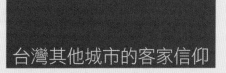

台灣其他城市的客家信仰

　　台灣其他城市的客家信仰，則有許多不同的面貌。大安溪以北的北台灣為今日的客家重鎮，但是新竹城的客家也在城內的媽祖廟（新竹人稱「內媽祖」）貢獻相當心力。逢七月初八的普渡日，以往客家和漳泉後裔七年一度輪值主持。

　　清代台灣最後建造的台北城，城內外的客家分布如何已難以知悉。但是到了日本時代，龍山寺附近的有明町有一個永定媽祖神明會，一九三○年代的管理人名叫江文甲，我們推測

他不外來自北海岸或中和、板橋。

　　而淡水呢？這個基隆興起前北台灣最大的港埠，汀州客除了在鄞山寺供奉定光古佛外，也組織永定媽祖的神明會。而更處內陸、繁華更早的河港新莊，則在乾隆初年就創建了三山國王廟。

　　清代漢人最後開發的蘭陽平原上，直到一九三○年代宜蘭街仍未建國王廟，但原先的城內城外共有三個三山國王神明會，以及一個永定媽祖會。

◉信仰
汀州客家神明

民主公王也是福建汀漳客家的神祇，上圖為台北三芝新庄永定江氏的水口民主公王，下為彰化社頭湳仔南靖劉氏芳山堂祖祠內所奉。

東峰公太

你是客家人，但你可能不知「東峰公太」是何方神聖？除非你姓江！或者你姓江，從未聽過父親、祖父甚至曾祖父講過客話，但是你家神龕上就奉祀了東峰公太？

為什麼呢？因為祂是台灣相當小眾化的客家神明，或者說僅是江姓人的祖先或是祖先神。「公太」是客語中曾祖父的意思，所以東峰公太應該是名叫東峰的曾祖輩？對的，但嚴格說，已經是某位祖先的曾祖父。

明朝嘉靖年間，潮州府饒平縣的張璉武裝反抗明朝的統治，事件蔓延到福建。當時聚居汀州府永定縣高頭鄉的江氏已是大家族，由江寬山率領子弟出面抵禦，但他不幸於一五六一年與三子二姪同時遇害。江寬山字東峰，江氏家族遂為這位犧牲的子弟特建「東峰祠」以資紀念。由於靈顯非凡，當地居民就逐漸把他視為神明，日後更有以同音尊稱為「東風大帝」或「東方大帝」。

東峰公太信仰隨江氏子孫繁衍而散布於汀州、漳州府一帶，視祂為宗族守護神，跨過黑水溝後，更不忘這位英靈不滅的祖先。所以在台北三芝與板橋湳仔、四汴頭，嘉義的大林溝背、水上江竹仔腳、新港菜公厝，以及台南楠西鹿陶洋等，這幾個以江氏為主的聚落；無論他們來自汀州府或漳州府，都虔奉這位十六世紀衛族保鄉的祖先神明，同時也標注了他們根底的客屬身分。

民主公王

相較於東峰公太，民主公王恐怕更是鮮為人知的客家神明。祂是源自汀州府的射獵神或山神，流傳到隔鄰的漳州府南靖縣西部的客語區也有信徒。在台灣，似乎僅見台北三芝的江姓、彰化社頭的芳山堂劉姓、嘉義溪口的賴姓等家族奉祀民主公王。男性神祇稱公王在閩粵客屬間常見，但台灣客家較少使用。

台灣南北各地江氏所崇祀的東峰公太。依序為台北板橋湳仔，與嘉義大林溝背、新港菜公厝。

◉性別

客家＝女性當家？

客家女性向來被要求「三頭三尾」，圖為負擔煮食之「灶頭鑊尾」。

客家女性向來被要求「三頭三尾」，除了其他族群婦女一樣，負擔煮食「灶頭鑊尾」、縫紉「針頭線尾」工作外，還被要求上山下田「田頭地尾」！

十九世紀時英國牧師艮貝爾到廣東客屬區傳教，發現當地客家婦女普遍下田工作，不像其他漢族婦女纏足而不出門戶；又見她們腰際懸掛全家的大小鑰匙，而鑰匙象徵著保管者的權威，因此他認為客家婦女地位相當高，有工作權和經濟掌控權。

另一位日本學者小野和子則認為「客家女性解放了她們的舌頭和大腳」，大腳自然指客家婦女普遍未纏足的風氣，而舌頭指她們能以山歌唱出心聲，包含傳統漢文化中甚為禁忌的情愛性慾。

的確，傳統山歌中不乏對兩情相悅的大膽描寫，如「恁好風景無心賞，趕赴山前會情郎」，講的是未婚女子私會情郎的光景。而「仰般（為何）閏月不閏更」，則是慨嘆春宵苦短。小調「十八摸」中，一段段歌詞詳細敘述愛撫的不同部位。「桃花開」中男方用「鴛鴦枕」、「象牙床」、「救命方」等引發性聯想的事物來挑逗女方，而女方裝蒜以對。「囑妹轉（回）去愛洗身」是阿哥

叫阿妹回去以後要洗澡，而且「洗身就愛洗燒水，洗到冷水會壞身」；為何要洗熱水，不可洗冷水，否則會把身體弄壞呢？又有首山歌說約會要選在荊棘叢後，這樣把阿妹的頭髮弄亂才不會有人看到；為何阿妹的頭髮會亂掉呢？

那麼，婦女身處於客家社會中，是否真的無所顧忌約束，對工作生計全盤掌控，對情愛欲望則熱情奔放？完全有別於華人世界中的一般女性形象！我們不妨認真計較一下。

「慎始敬終」這句話可以用來形容客家對「人」的重視，所以初生男嬰要用「新丁粄」向全社區通告，但若生下女嬰則省下這道手續。客家對祖先的崇敬高過一切，客家聚落中，祭祀祖宗的家廟祠堂必不可少，任何家族亦必有供奉祖牌的「廳下」。它位於整個家宅的中心位置，而祖牌又置於廳下的正中央處。客屬對祖先的重視由此可見。然而，細看牌位所登載的，是家族自開基祖以降，各世代男性的名字、諡號，而他們的配偶雖一概賦予「孺人」尊稱，卻往往有姓而無名，而女性之本姓，也充其量只代表她們的父親，而非女性自身。

作家鍾理和之妻鍾台妹女士。名字中有「妹」字，為客家普遍的命名方式。

所以在文化體系中，客家婦女仍像其他的漢族一樣，只被看成具有生產養育功能的附屬，而不是社會上有名有姓的人物。婦女不過在夫家扮演生殖後代（且必須生有男性子嗣）的功能性角色，在整個宗法結構裡，根本無任何地位。

不纏足的客家婦女須負擔大半農事。六堆客家相傳因「膝不跪清朝之地」，所以採行走方式，而不以慣見的跪姿除草。執杖除草鏡頭如今已成歷史，但客家婦女真正解除負擔了嗎？

或者我們實際些，從財產支配的角度來看女性地位。傳統客家社會和絕大部分其他漢族一樣，財產繼承的基本單位是「房」。每一個長大成人的兒子才是一房，所以男性才有資格分得財產。嫁進來的女人只具有間接從屬之角色，分享夫或子的財產，而在她娘家的財產關係中，也絕無支配和發言權利。在夫家，女人亦不能明爭財產，即使暗鬥後也須由丈夫出面，除非丈夫過世，暫時

客家婦女對宗教信仰虔敬積極。圖為字紙祭拜中敬拜的婦女。

作個代理人——代理的原因是她有兒子。此外，女人沒有處理或發表對財產分配意見的權利。

由此可見，客家社會明白否定女人的法理身分，至多只是擁有男性之「暫時代理權」，在特定條件下，姑且被允許具有法理行為之行使能力，以及處理權利，代表男性行使權利。一旦條件消失，女人即無任何權利可言。因此，在社會體系和制度規範中，同樣被定位於模糊位置的女性，於社會身分上，也仍是個隱形人。

在概念歸類中如此弱勢，那麼她們實際上的付出呢？數字會說話，我們來看一下一九六〇年代六堆北部的情況。當時高雄縣農村已婚男性外出謀生，而女性留在村內種田的比例，客家社區高達百分之九十以上，而福佬社區僅約三成。美國人類學家孔邁隆（M. Cohen）一九六四年在美濃的實地調查資料顯示，在非技術性勞務（如耕作）中，百分之九十三的女性加入了行列，男性為百分之七十。在技術性勞務（如各類工匠及專職人員）中，女性參與份量則只有百分之十二。

所以客家女性在生產活動中，主要是扮演初級、非技術性的勞動角色，而關鍵性、技術性的工作，仍操之於男性手中。因此，男性掌控了技術，就更有機會往外謀求生計；而女性因無此技能，只得留在家鄉看守田地，做些粗重、花費大量勞動力的工作。所以工商業的發展，對男性而言是造就了職業生涯的改變，和新的謀生機會，然而農村婦女卻無法改造她們的生涯，依舊扮演維繫農業生產的角色。

然而相較於嘉應州原鄉與東南亞的客區，台灣客家的兩性勞動關係還算平等。丘逢甲的兒子發現原鄉的男子竟然在家讀書、抱小孩，農事全交給婦女。部分南洋地區的客家女性全盤負擔家計、家務，男性被視為遊手好閒的角色。

總之，不論意識形態、制度規範、生產活動各方面，都可發現傳統客家社會中男尊

六堆婦女直到日據末期，還穿著傳統藍衫，梳客式髻鬟。袖子翻白表示已婚。

孺人稱謂仍見用於福佬客，不過產生了變體。嘉義溪口的饒平賴氏因同音訛為「而人」。

女卑的事實。一切權力的擁有者、資源的分配者、被賦予實質意義的地位者，都是男性。

而女性呢？不但無自主性之生涯選擇，在社會及文化身分上，也毫無地位。不纏足原來是為了搾取女性的田事勞動力，大把鑰匙不過是因男性出外從事技術性工作了，請個代理人暫時保管而已。而涉及愛慾的山歌，絕大多數還是以男性為出發點，唱給女性聽，表達男人自身的願望；即使是「趕赴山前會情郎」，最後還是「婚姻喜事話情由」，從而落入家事、農事的雙重責任牢籠中。

一九六〇年代以前，普遍取名為「妹」的客家女性，到成為牌位上的「孺人」之前，中間過程備極艱辛。台灣經濟起飛之後，由農村脫出的女性勞力，仍是一身挑起家務與職場的雙重全職。二〇〇一年以後呢？

孺　人

客家對於女性祖先，除了另有朝廷封號者外，普遍都稱「孺人」。孺人本為七品官員的配偶封銜，但一般客家平民婦女卻都使用。對此客家人自有一則傳說來解釋，相傳南宋皇帝流亡到廣東，突然遭蒙古軍隊包圍，幸蒙一群下田的客家婦女搭救，因此而受封。

然而，在正式的記載中，卻是一位少數民族畬族的婦女許夫人，率領她的族人幾次響應朝廷號召，與蒙古軍對抗，最後不幸陣亡，所以皇帝普遍冊封畬族婦女為孺人。

漳州漳浦、雲霄等地的福佬女性也有孺人封號，受封的來源卻比較輕鬆。是南宋皇室流亡至該地，皇太后想找人說說解悶，但當地婦女以身分懸殊，不敢應答，太后遂下令將當地婦女一概封為孺人，隔天她們便可以上門謝恩、聊天。

不管是刻意響應報國的畬族婦女，或是光陪太后聊天解悶的福佬婦女，都被流亡路上、自顧不暇的末代皇室加上孺人封號，但是似乎只有客家最重視，幾百年後仍津津樂道，為什麼呢？

●生活空間
客家生活空間的締造

發達的祖先祭祀公業為客屬特色。圖為彰化社頭蕭氏十多座祠堂之一。

不同來源的客家，在不同時段來到台灣的不同地區，為的應該是同一個目的——自己及子孫日後的生活。由於歷史的偶然，客家被安排到不同的土地上，有不同的地主、有不同的「番人」，還有最基本的不同地形地貌，但是他們必須同樣投注勞力從事生產，換取收穫維持溫飽。

究竟客家在台灣如何面對不同的自然環境？而在因地、因時制宜發展產業後，以何種方式與週圍族群互動？他們又是如何經營自我群體的生活空間？是我們以下的話題。

我們先來看一個二十世紀末的個案。在台北市東區，安和路的購物中心、敦化南路的摩天商業大樓環伺下，由新竹新埔搬到台北通化街近五十年的劉霖港，家族四代同堂聚居在一整棟五層樓公寓裡。公寓樓頂還特意開闢為菜園，以家庭有機肥料來施肥灌沃數十項、種起來根本不敷成本的果菜。如此的影像，是不是讓人想到了「聚族而居」、「農業性格」等字眼？

有一個基本模式可以先模擬出來。所謂的傳統客家農業社會，是以定著細耕、自給自足的農耕，伴隨著薪柴來源的「仞崗」（小山）、用水來源的溪流井泉、家族聚居的圍屋夥房，形成的有機體。

客家人在聚落中雖有村廟，但不像福佬人把資源全都貢獻給庄頭主神，而有更多資源集中在祖先名下的嘗會（祭祀公業）內。嘗會的初意在各房子孫拿出應一定比例的收入，來使祖宗祭祀香火不斷，祠堂整修經費也有了著落。其實從另一方面說來，嘗會有照顧後輩作用，如提撥部分田產充作學田，其收入作為子弟的教育財源。對於貧困的族人，嘗會則運用公田所得加以周濟。

除了是家族團結，力量集中的象徵外，嘗會之精神正是損有餘而補不足。況且客屬多為農民，經濟情況不若商業民族的差異懸殊，夥房內日久人口增生，除非外移他鄉，否則土地分割越益細密，結果是大家都有田地，卻少有大地主。這些條件造就客庄均貧均富的面貌，而以六堆為最。

◉生活空間

南台灣客家：自足與對抗

推行於美濃的菸葉契作，簡直使菸農成為公務員。圖為大阪式菸樓。

六堆客家位居平原，高產量的水稻收穫足以產生自給自足的經濟體系及價值觀。由於和附近福佬村落的關係緊張，因此往往直接和廣東原鄉貿易，而有「原鄉貨」的說法。到日本時代，推行於美濃的菸葉契作專賣制度，簡直使菸農變成有一定收入保障的公務員。如此長期地隔絕市場機制運作，使六堆向來號稱封閉。直到近年來菸葉契作收購量節節下落，即將面臨全面停止，加上洋菸的競爭，六堆多數地區改種檳榔，靠海的佳冬甚至有了蓮霧和魚塭，這才打破堆庄孤立的形勢，積極投入商業化競爭。

所以一般而言，六堆的夥房風貌相似，少見特別華麗之作，多少說明了普遍均勻的經濟水準。而桃竹苗及中部局部地區客屬則因商業化較深，貧富差距拉大，反映到建築物上，有錢人家屋宅裝飾繁複細膩，窗戶較大以利主人長時間待在戶內，禾埕鋪上卵石以利通風，門檻加高以示尊嚴。而一般人家的住宅樸實無華，白天出外勞動，房間只供日入而息，所以窗戶小。禾埕為曬穀之用，所以不便鋪磚或石，門檻也不利出入，因此少見。

六堆堅守「神在廟，祖在廳」原則，家屋僅有祖牌和土地龍神祭祀。

大安溪以南客家的聚居型態

大安溪以南客家的聚居型態是南台灣客家的特徵之一。福佬家族擴張到一定程度，就要「分伙鬮」進行房頭的分割，兄弟自立門戶。如麻豆巨族林家，大房至五房各據一方建立宅第，彼此之間有相當的距離。祖墳祭祀亦然，掃墓時，出五服以外的祖先，福佬一般即不去祭掃。而客家人則從近親祭掃一直上溯到來台祖，近二十年來更建立大型墓塔，即使到另一個世界也維持聚居型態，因此常見客屬闔族數百人共同掃墓的畫面，反之在福佬區域少見這種鏡頭。牌位的祭祀也是，「題公媽」──分家時也分祖先香火──是福佬人的慣行，對大部分客家而言，簡直不可思議。

客屬傾向集居，大型的夥房、圍屋應運而生。福建廣東交界一帶的客家，聚族而居的建築規模特別驚人。永定土樓是最知名的典型，其實鄰近的漳州詔安、平和、南靖西側山區，以及饒平北部的客屬區域都常見。

在台灣，台中東勢、六堆夥房的規模也明顯大於附近的福佬人。尤其汀、漳州客屬移民清楚保留此一聚居型態，舉凡台中西屯、彰化八卦山沿線、嘉義大林的內林簡姓及溝背江姓、台南楠西鹿陶洋江氏、高雄大寮的拷潭張簡等，可說囊括了台灣規模在前幾十名的大型農民集合住宅。

台南楠西鹿陶洋的江家，是祖籍詔安的漳州客家。當地人認為江家聚族而居，是治安不良所致。然而附近民宅皆散居，難道他們都不怕盜賊？難道盜匪只搶江家，不搶別戶？當地人又認為它是台南縣僅存少見宏大完整的民宅，然而該縣他處少見，並非被拆而不完整，而是本來就屬散建分居型態。

正確的解釋是：江家維持了漳州客家屬性的舉族聚居模式。江宅正廳一側嵌有家規石碑，條條戒律說明江家遲至立碑的一九三〇年代，家規還是如此嚴厲，甚且需要立碑作證，可見聚居龐大的宗族內部，有著強大制約的人際關係。

六堆夥房規模明顯大於福佬人。圖為內埔黃家圍龍屋的圓弧型後進。

◉生活空間

風景殊異的中台灣客家

彰化社頭月眉劉屋護龍長度為台灣之冠。

變遷較北部客家為慢的六堆，其實在更多層面上反映了傳統客家聚落及社會型態的風貌。往北去的中台灣呢？中台灣客屬歷來商業化的程度甚深，這或許是使他們泰半成為福佬客的原因之一。

彰化客屬最初無奈選擇了八堡二圳和八卦山脈間低溼狹長的地帶，不意克服排水問題後，土層深厚、質地腴沃的黑色壤土提供了無限生機。人口激增，產業也由單一稻作轉向多元化，居民利用土球栽培試驗植株的各種可能，發展出生長快而質精量高的品種。這不是土層貧瘠澆薄，尚須由他處運土來勉強改善土質的桃竹苗地區所能比擬的。生產力的拉高，使當地成為農產中心，商業數百年來持續繁榮。舊的員林街、新的永靖街外，他們還向更大市場行去。

早在日治時，埔心、員林已成柑桔生產重點，過剩的水果又促進蜜餞業之發達。到今天台灣西螺、永靖、溪湖三大蔬菜批發市場，原先客區佔其二，不但附近蔬菜來此販售，遠地同質的菜農也聚集於此。而田尾是花卉大本營，嫁接、研發新品種的誕生地。

蔬果花卉都是商業作物，須拿到市場上換取現金，不似稻米可自食自用，因此南彰化平原客屬商業化深重。唯有沿八卦山麓五十多個大型客家夥房，相對封閉的環境營造出固有的客屬風習和地景。其中社頭月眉劉屋護龍長達兩百六十公尺，崎腳劉屋護龍多達十六個，為台灣之冠。

台中西屯張廖家族則由善於開埤作圳，又通風水術數的先祖，建構了富有特色的空間。「承祜堂」為家廟，雕工細琢卻保有屋頂折曲處排水

彰化田尾是花卉大本營，嫁接研發新品種的誕生地。

的轉溝、圓弧形的後進等客屬徵性。大型夥房如「體源堂」，樸質的夯土構成內牆，後進也是圓弧。「烈美堂」前有大魚池護持風水，「清武堂」有精緻的抱廈（相當廟宇之拜亭）。可說各擅勝場，每隔一定距離就有該家族代表性的地景出現。可惜因太靠近逢甲大學商圈，改建速度急遽，地方風貌變化甚大，想找尋本來樣貌日益困難了。

中台灣現存的老客區東勢，更是高商業依存度。清代因水師造船需要，派匠人入山伐木而使這個城鎮興起，所以東勢街面自始即非因農業殖墾所締造，而是工匠商人的組合。

東勢從伐木、焗腦形成街面繁華的基礎，自非封閉型的經濟；市郊農庄始終也非自給自足的稻作區，而以竹工藝製品、果樹為主。日據時八仙山、大雪山、東勢林場的開闢，持續此區林業的興盛。戰後初期，這裡是香蕉王國；待中橫公路鑿通，東勢為入山門戶，觀光和交通刺激市面的繁榮，而在梨山培植成功的溫帶水果如梨、蘋果之類，很快地席捲東勢、卓蘭一帶，成為主要產業。由於水果的商品性質，使東勢湧入不少外來福佬人口，出於交易的需要，學習福佬話成為生活之必須，傳統客庄風貌不免多所變遷。

台中西屯張廖家廟「承祜堂」保留轉溝和圓弧後進等客屬徵性。

東勢漸次擴張的街廓間，流動的客語已漸稀疏，只有市郊防禦性強的集村聚落內，大型抱合的圍屋還昭示著客家風味的地景；然而這一切都在九二一大地震中結束，所有的老房子就地坍倒為一片瓦礫，只剩石砌的鯉魚伯公倖免於難。基於經濟考量和技術失落，重建也不太可能恢復原狀。可說東勢地區的地景變遷，始自街面的高度商業化，而向四郊擴散；而加速毀壞其傳統樣貌的，卻是一場不可預期的自然大災難。

客家的武裝拓墾聚落

東勢郊區墾拓的農庄因泰雅人之威脅，採取集居策略，外圍包覆竹林、圳溝，出入口設有隘門、銃眼，甚至多重門柵。聚落內巷道曲折彎窄，入侵者會迷路，不能很快地佔領村子，也不易逃脫。而庄民則可用曲巷防守、埋伏，進行巷戰。每戶夥房緊挨，平時鄰里關係密切，逢戰時夥房彎弧的線條，使其與巷道接觸面增加，便於從窗戶射擊防禦。

更小空間的夥房也是易守難攻，除了基本的ㄇ字形廳下（正身）及橫屋（護龍）外，還有「圍龍」來做外側的保護。很少有圍龍首尾相銜，形成無缺口的正圓，總會留下出入之通道，何況建築基地很難是個正圓。若不幸夥房被敵人攻入，四面圍合的空間尚可作最後一搏，老弱婦孺可以藏身於牆壁內預先鑿通的暗室，再關上低矮的「番仔門」，就不易被發覺而俘虜。

在東勢地區的客家聚落中，以大茅埔庄逼近泰雅界，所受壓力為最大，因此於開庄之前，墾首張寧壽就有詳密的規劃。聚落建為長方形，戶戶緊鄰，田地在村莊四周。由於大家都要近大甲河的耕地方便灌溉，靠山的地取水不便，又恐遇泰雅突襲而沒人要，張寧壽遂決定將田地切割為狹長之矩形，每戶都分到一部分靠河、一部分靠山的耕地，俾使公平。又從村東造埤引水，橫向貫穿耕地和村莊。庄內有曲巷隘門之實體守備，也有三山國王

坐鎮莊中心、分派五營兵將把守四方門戶作精神支柱。

這種先規劃好，再集體入墾成庄，而非放任式自然形成聚落的情形，在客庄中不乏先例；如高雄美濃的瀰濃庄也是如此，耕地亦呈狹長條狀，一面接山，一邊靠河。但瀰濃的夥房各自依其分得耕地所在處來建立，因此和耕地方向垂直，延展出上、中、下三庄的長條形聚落。所以相對而言，瀰濃沒有大茅埔那樣的方形集村型態，也就沒有那麼地強調防禦功能。

東勢郊區農庄防禦性強，有隘門、窄巷。圖為大茅埔村內有門之巷道。

● 生活空間
和諧共生的北台灣客家

茶葉是北台灣客家的產業重心，典型的商品作物。

北台灣的桃竹苗雖然客庄密集，佔地廣袤，客語保存也較它處為佳，但其經濟生活和建築型態卻深染福佬風格。這是因為本區在維生活動上，始終跟濱海一線的福佬人有依存關係。此處地形多山，交通不甚便利，但經濟生活卻非封閉型。這裡稻作不能自給，茶葉和果樹、樟腦、礦石是產業重心，這些都是商品。甚至還要加上日本時代以來的勞力輸出，所以二十世紀開始以後，全台灣到處可見北客的二次移民。

台灣茶早在清代已外銷遠至北非摩洛哥，聯結上國際商品網絡。丘陵區茶葉向來是運往下游河口的城市，客家茶農端視福佬茶商的臉色，因為茶商決定收購的價格和數量。例如福佬人認為北埔一帶的茶，品質不如該地茶農所說的好，遂將此茶稱為「膨風茶」，意為吹牛、言過其實。但這種嘲諷性的稱呼後來竟被彼處客屬沿用，至今仍自稱所產茶葉為「膨風」，然而，這卻真實地反映了茶業的主從支配關係。其他如早期的新埔柿子、柑橘，晚近的橫山梨、三灣梨、大湖草莓莫不如此。

樟腦在清代和日治時都是賺取豐厚利潤的產物，被政府指定為專賣事業，

新竹丘陵富產柿子，是客家水果產業的要角。

樟腦業的生計和安全保障，要靠都市福佬官商支應，形成依存關係。

民間不得私自採製。客家腦丁都只是雇工，而入山開採的安全，也隨原住民反抗的越趨激烈，由地主自募的私隘，轉由政府設置的隘勇線負責。因此腦丁的生計和保障，都要靠來自都市的福佬官商的支應，這自然又是一種依存關係。

而煤、石灰、玻璃砂、天然氣等礦產，也礙於政府規定（清朝法律：私挖煤炭者立斃），或須有專門技術，或得有龐大資本，於是桃竹苗礦產往往未必掌握在客屬手裡；客屬多半只是雇工。因此不論茶農、果農，腦丁、隘丁，或礦工、林班工人，都對城市裡的福佬地主官商有某種依賴，而非一般印象中封閉自足的客家小農經濟。是以依存的事實造成本區的福客關係，素來維持起碼的和睦，像六堆那樣配置隘門、銃眼、曲巷的防禦型集村少見。出現在關西、北埔者，與東勢地區一樣，防範的對象是原住民。

因此，雖然閩粵分類械鬥仍不免，但如遇外地民變舉兵來犯，新竹城內的福佬和四鄉的客屬會合作禦敵，而不至於是客屬乘亂之機，攻打城內的福佬地主官商。所以一八六二年的戴潮春事件發生後，竹塹城的福佬大富豪、客家進士的女婿林占梅，就籌組福客聯軍南征，此役的陣亡者成為新埔義民廟奉祀的第二批義民。而素與林家並稱竹塹豪門的鄭氏，也娶了頭份陳家的女兒。或許在北台灣客家心目中，福佬是可以合夥、聯姻的對象，至少不是積怨已久的攻擊目標。

桃竹苗客家民宅紅磚紅瓦的風格，深染泉州建築色彩。

這種依附共生的關係，一直延續到民國卅九年施行地方自治以後；客屬居多的苗栗縣內竟然發生是否該從新竹縣市獨立出來的爭議，新竹縣的地方派系完全跟著新竹市分作東許、西許二派，仍在在顯示本區客屬依附以新竹市為中心的福佬人的實貌。

如此的族群互動反映到建築上，則是本區客屬的屋宇營造模式，深染來自海線的福佬色彩，而和六堆乃至嘉應州有了根本的差異。所以有人說，哪怕黑夜走在屏東平野，閩庄、客庄判然可分；即使白天行於桃竹苗丘陵，閩庄、客庄端的難別。

經由比較，或者我們鋪陳的真正是不同的客家世界，然而來自心靈的根底

角落，所謂的客家特色，就在空間的神聖之處。

北中南客屬仍保持共通者，我們從最小的生活空間家宅開始看起。安鎮屋宅的龍神在新屋落成牽龍之後，永久在正廳桌下奉祀，以保山川地脈靈氣永駐滋長。崇祀覆庇萬物的天公，安設香爐在戶外而不在室內。不論是在院埕邊緣、院牆上、內外院分隔線上，或者於院內特設獨立爐架。或者客家相信沒有人為遮蔽，禱祝才能上達天聽。

維繫宗族的祠堂，客家地區向來數量較多。圖為為新竹新埔劉氏「雙堂屋」。

聚落內維繫宗族凝聚的祠堂公廳，客家地區向來數量較多，甚至「前客家」的福佬客地區也不例外。祠堂內供奉大型的祖先牌位，上面書寫歷代祖先的世代和名諱，不像福佬多用「公媽龕」，打開才知道先人姓名。循例男性應有諡號，蓋棺論定他的一生。女性雖不一定有諡號，但不忘最後加上宋朝封贈的「孺人」頭銜。

象徵農業收穫與社區全體福祉的福德正神「伯公」，聚落內外往往不只一處，所以若干重劃區，會將各處伯公請齊，一併供奉聯合辦公。或許現實上的防衛已經足夠了，不像福佬庄有護衛聚落想像界線的五營兵將，即使有，也毋需定期犒軍賞兵。可見得台灣客家並非沒有共同的空間文化符碼。

然而走出家屋田園後，他們要經營的是大空間的人際關係，將己身接通全區域、全台灣乃至全世界的經濟脈動。所以不同的遭遇與調適，使得他們各自走向程度不一的殊途，尤其在二十世紀開始以後，明顯轉化成「客家特色」各異的族群。

北台灣商業發達，貧富差距大，庭院深深，布置豪華，是地主家族的標記。圖為北埔姜家大房。

六堆與北客在建築空間上的差別

北客

1. 短簷。屋身轉折處為狹長走道的「子孫巷」。「轉溝」減少使用。內廊式的動線貫穿所有房間。
2. 廳下（正身）用作客廳，開始見到神明坐大位而祖先牌位居側的情況，祖牌後方為神明圖。
3. 建材大量使用紅磚、紅瓦，燕尾削長高翹。接近泉系或福佬系的建築風格。
4. 夥房外緣無圓弧形圍屋。

六堆

1. 長簷。屋身轉折處為廊廳房間並用作客廳。轉溝普遍甚至為雙槽溝。外廊式的動線房間各自隔離，只以門外走廊相聯絡。房間好用竹製門簾屏遮、房廳廚廁的門窗上好貼紅色矩形彩紙「五福紅」。
2. 廳下普遍有棟對、廳下只作祭祀不用作客廳。祖牌居正位，神明居側位甚或根本鮮見家宅供奉，祖牌後方為壽字圖案。
3. 使用黑瓦，夯土敷灰的泥牆，燕尾短如牛角。
4. 夥房外緣常見圓弧形圍屋，使用情況因地制宜，台中西屯、東勢也有，然特質頗不相同。

沒有港口的族群

一般而言，客家被視為鄉居的族群。籌創中央研究院語言學研究所的李壬癸教授，是祖籍詔安秀篆的漳州客屬。先世輾轉搬到宜蘭冬山一段時間後，居住的農村漸成市肆，結果李家祖輩認為商街的環境，會使年輕人學壞，因而移往鄉下買田耕作，避開城鎮生活。

但是更精確點說，客家應該是不從事海上活動的一群人，所以成為沒有港口的族群。這在四百年來都是出口導向的台灣，何等嚴重！

台灣的泉州移民長於在海岸從事曬鹽、捕魚、養殖（虱目魚、牡蠣）等產業，這些項目似乎廣東客屬幾百年來從來不碰。觀音、新屋、新豐、竹北、佳冬等濱海鄉鎮以客家為主，但這些地方的海岸線或港口，仍是福佬人的聚落。汀、漳客屬似也符合此特質，少有「討海人」出現。多數在平原植稻或在丘陵區種茶、竹、水果。

即使在最大的北台灣客家版圖內，客家商人不在少數，清代的竹塹內客家經營的商號比比皆是。但是隨著時代的改變，他們有沒有與時俱進，轉型為現代的經營，實在可疑。

時至二十一世紀，我們可藉各種調查數據來觀察社會。客家的平均收入是高於福佬沒錯，但是在財富累積的尖端，客家似乎向來缺席。這是受限於生活方式的慣性？還是他們一直少有躍登百大企業的機緣？

難道非得走出族群的自足，也拋棄自我的本質，客家人才能晉身社會的主流？

●音樂
山歌與童謠

客家人的傳統音樂也分為聲樂、器樂、戲曲等項。聲樂最為出名的自然是山歌了。「山歌」並非客家民謠的專稱，許多其他地方的漢族或少數民族的歌謠，也叫山歌。尤其是跟客家分布區經常重疊的畬族，也愛好唱山歌。例如「柑子跌落古井心，一半浮來一半沉，你愛沉來沉透底，莫來浮升痛郎心」這首畬歌，流傳於廣東的畬族之間；然而，台灣北部客家也有這首歌，只有細細節用字上的出入畬歌和客家山歌關係之密切，可見一斑。

「𠊎教你唱山歌咧，你打鑼鼓𠊎鋸弦」山歌少不了二胡的伴奏。

客家人的山歌，素有「九腔十八調」之稱，「腔」指不同地方的唱腔，「調」指不同的曲調。以往客家人在山間工作，為提振勞動情緒，增加樂趣，相報消息或互別苗頭，常於勞作時哼唱一些歌謠；由於是邊工作邊唱，因此並無舞蹈動作。隨後題材方由工作擴及情歌、生活等各個面向。例如「新打茶壺錫包鉛，我係錫來妹係鉛，我係鉛來妹係錫，錫錫鉛鉛到永遠」運用「錫鉛」和「惜緣」的諧音，鋪陳出動人的情愫。

山歌又可細分為老山歌、山歌子、平板、小調等。每句都拉得很長的老山歌被認為是最古老的；山歌子顧名思義是山歌之子，二代的山歌。平板也是後起之改良調。小調出現比較多的地方變體，創新形式；如廣東大埔即有「大埔調」。

台灣的山歌在曲牌上絕大部分承襲自大陸原鄉，老一輩認為歌詞

「客家山歌特出名，條條山歌有妹名」，山歌是客家社群的知名標誌。

可以自填，甚至於即興對唱中，把歌詞立刻想出來，只要原則上符合七字一句，四句成組，一二四句押韻即可。但曲調被看作是不能任意更動變化的。唯有小調偶見創新之作，如美濃的美濃調「上崎唔得半崎坐，手攬膝頭唱山歌，人皆講我風流子，命帶桃花無奈何」、東勢的扛擔歌等。萬巒由父親唱給孩子聽的搖籃曲尤為特別。哄著嬰孩「阿姆歸來呀咧（媽媽就要回來）」、「心肝唔使噭壞咧（寶貝別哭壞了身子）」。而竹東每年在客家特有的節日：農曆正月二十的「天穿日」舉行山歌大賽，為客屬重要的群眾音樂活動。

「敢唱山歌敢大聲」以山歌勇敢唱出客家人的心聲。

有趣的是經歷數百年的各自發展，原先嘉應州，今天的梅州地區的山歌已和台灣不同。雖然台灣自認為所傳山歌系統從未改變，但梅州所云「大埔調」，跟台灣傳唱的已是同曲牌而完全不同曲調。如今梅州人也不知老山歌、山歌子之類的名稱和其分別。

山歌以外，客家聲樂還有童謠。一般言，北部客家童謠普遍可以歌唱而南部童謠多是唸白。以「月光光」開頭的三字組童謠便有多種長短不一之變體，如桃竹苗的「騎白馬，過蓮塘」，到了東勢就變成「騎白馬，過藍堂」；藍堂是東勢的一個小地名，東勢人認為這樣的唸詞比較順，實是反映其地理背景和生活環境。類似地，尚有「月光華華」開頭的四字組、「羞呀羞羞羞」的五字組童謠等。童謠多半每句都是三到五字，避免過長不易記憶和傳誦。上下句常有語音或意義上的關聯，而用韻活潑，每句字數也未必全然相同。如「伯公伯婆」的字數就十分參差，但其描述農家歉收，沒好東西可敬土地神的無奈心情甚為生動，而在此貧乏無奈的情境中，卻透露著自我調侃以紓解的詼諧語氣，是兒童情感教育的良好教材。

南部山歌和北部略有不同，美濃調，「阿姆歸來呀咧」（萬巒搖籃曲）是箇中招牌。

●音樂
八音與採茶戲

八音包含吹奏和打擊的各種樂器，其中佔主旋律的嗩吶尤其難吹。

　　客家器樂的代表是八音。八音指匏、土、革、木、石、金、絲、竹等八類樂器的素材；包含傳統吹奏和打擊的各種樂器，因此只是個泛稱。八音演奏中佔有主旋律位置的嗩吶及二胡，千百年前都是中亞游牧民族的樂器。嗩吶尤其難學難吹，但擅長者可以呼氣、吸氣時都吹奏；而八音團體常有必要於廟會中邊行進邊演奏，嗩吶的呼吸兼吹就顯得十分必要了。八音團向來北盛於南，南部客家的八音隊伍有些是近十年才組成的。北部可以舉苗栗世傳的陳家八音團為代表。早期客家社會有些守舊的觀念，如望族勢家認為子弟學器樂是不入流的行為，因此嚴加禁止。這曾阻礙了上層社會對器樂的學習，但在節慶廟會中聆聽欣賞不在此限。而已改說福佬話的舊客屬地區，猶然未完全忘卻八音；如台北新莊三山國王廟於祭典時，該地饒平後裔仍請桃竹苗的八音團前來演奏。

　　流布於台灣漳州移民區的北管，也和客家有所淵源。北管有自成系統的器樂伴奏和唱腔。若由其唸白部分可以整理出它的聲韻調，則發現它並非來自北京之類的北方官話，卻和西南湘鄂一帶官話若合符節。究其原因，乃先由湖南官話區的「祁劇」，傳到贛南和閩西的客語區，即是「漢劇」。最後由汀州客語區傳入隔鄰的漳州閩語區，以其來自廣義的北方，遂謂之「北管」；以和泉州通行的南管對稱。在台泉人好南管，漳民習北管的風俗不變；但於客屬間並未盛行。而跟北管有關的漢劇，至今仍流行於湖北，及閩西、粵東的客語區。

　　客家戲曲起初係民謠搭配角色扮演，漸發展成有情節的小型戲劇「採茶戲」。約在明末形成。角色為二旦一丑，故名「三腳班」。於乾隆間傳入嘉應州一帶，道光年間傳台。清末演變為調情對唱的「相褒戲」，日治初期，新竹寶山客家庄有位福佬藝人阿文丑，本姓

客家大戲曾是農村居民主要的娛樂來源，且提供青年男女社交的恰當場合。

何，兼通福客雙語。他在新竹地區成家立業，演出客家採茶戲，在宜蘭員山則另有妻室，將採茶戲二旦一丑的模式搬至宜蘭演出，改用福佬話，藝名「歌仔助」；實則客語「丑」、「助」音近。他在員山結頭份的三山國王廟前之演出受到極大歡迎，傳遍宜蘭以至全台。後來渡海輸入漳州，促成「薌劇」形成。而其源由實和客家密不可分。

一九二○年間，歌仔戲反向影響了採茶戲，而形成「改良戲」，二次大戰前，採茶已衍生多種劇類，打破三個角色的限制，按劇本不同而多齣多角。特定劇碼有固定唱腔，類似主題曲，多以山歌、小調為唱腔曲目。以往男女平日被嚴格區分，而野台戲劇演出時，恰提供了青年男女社交的適當場合。昔日演員識字不多，憑其對語言的掌握，可以互相即興對歌，終夜不斷；觀眾也就熬夜欣賞，忘卻了白天的田事，故有「採茶入庄，田地翻荒」之諺。

●音樂
當代客語創作歌曲

交工樂團脫胎於「觀子音樂坑」在南台灣擔當反水庫先鋒。

二十世紀晚期台灣的流行音樂創作，已被公推為華人地區之最。其他地區的華人甚至外國人，紛紛將台灣的國語市場視為挑戰自己才華的最佳試驗場。

但是有些小眾音樂可能你未曾聽聞。在花東的市場攤位上，賣的是原住民第一大族阿美族的改良舞曲，這些歌還可以看得到MTV呢——如果你坐上花東海岸或縱谷的長途客運車的話。另外一種則是客家歌，出現在桃竹苗的攤子上，跟傳統八音山歌放在一塊。吳勝智、林展逸、鄧百成、魏海姍⋯⋯，這幾個名字你認識嗎？

有幾個名字你就可能知道了：美黛、邱晨、池秋美、陳盈潔、羅時豐、彭佳慧。他們都是客屬，但是跨過那麼長的音樂年代，你可能只從羅時豐口中學會「細妹按靓」。或者大選時聽到候選人客語版的競選歌。

當被泛稱為「台語歌」的福佬語歌曲紛紛滌盡東洋風、悲情調，向國語主流創作吸取養份之後，為人作嫁多年的客屬音樂人，轉而思考是否也該在流行的模式上，讓自己的母語傳揚。我們先聽到陳昇加黃連煜的「新寶島康樂隊」混血專輯，再來是多年從事流行音樂製作的顏志文走到台前，在一九九七年出版了「係麼人佇个唱山歌」。這是客語音樂頭一回在主流市場發行。

多年在幕後製作音樂的顏志文走到台前，頭一回在主流市場為客語音樂發聲。

謝宇威從畫壇轉到音樂創作，使家人終於明白他從小熱衷音樂收集的真正原因。

說了那麼多市場主流，會不會太庸俗？如果你自認為是地下、另類的聽者，視豬頭皮、廢五金為偶像，那麼千萬要去找「交工樂團」的專輯，他們從「觀子音樂坑」琢磨客語搖滾後定位，現在在南台灣擔當美濃反水庫的發聲。

如果說客語歌是小眾，那麼海陸客家歌則是小眾中的小眾。因為幾乎所有的客語歌者都以四縣客語演唱，不管他來自苗栗或六堆，甚至是講海陸話的新竹。這點或者是原先山歌皆以四縣話演唱的傳統吧。

在顏志文發片稍後，出身新竹關西的陳永淘和桃園新屋的謝宇威，開始嘗試以海陸客語演唱。樂風或者悠揚或者濃重，你也該品嚐一下客語中的另類作品。

●美食
來場客家盛宴

油、香、鹹是一般對客家菜的印象；因為往昔的農事勞動工作量大，為補充汗水帶走的鹽份，所以菜要鹹。鹹些好下飯，多吃點飯自然增加熱量，下田才有力氣。香是為促進食慾，通常用豬油與香辛料提升香氣，更以醋、枊絲（紫蘇）、七層塔（金不換）等佐料加強味道。油和香可說是密切不分，油的添加仍不外是幫助食慾、補充熱能。

吃一場客家宴席，冷盤後是剁盤——通常是白斬雞，桃竹苗山區的放山雞，在廟會鬬雞比賽中「打等」（得名次）者，夾一塊就是半碗，沾上酸柑桔做的「桔醬」，甜美難以形容。客式料理中還有幾種特殊的作法，如仙草雞，以仙草來燉雞，清涼補而不膩。鹽焗雞則是把雞放在擺滿鹽的鍋子內，用鹽的熱度把雞焗熟。相對於福佬人偏好老薑慢燉的薑母鴨，客家人吃嫩薑煲出的子薑燜鴨。鵝肉則以桃園新屋最有名；去吃新屋鵝肉與石門活魚，曾是八〇年代台北都會人士的休閒方式。標榜「石門水庫活魚X吃」的鱸魚，其實多出自桃園台地上客屬灌溉陂塘。與鱸魚同樣來源的則是蛤，客家人炒蜆仔（小蛤蜊）時慣加紫蘇和七層塔。

即使濱海居住的客家也不討海，所以海鮮是客家菜的空白處。相對的，豬肉是客家料理的要角。肥瘦兼具的三層肉適合紅燒成爌肉，純肥肉則適合作紅糟肉，尤以桃園客屬最偏愛，有專業製作紅糟的店舖。而用香料和鹽曝醃的鹹豬肉，則以苗栗南庄最出名。豬腳在美濃和萬巒都是出名的菜色，萬巒以紅燒沾蒜泥醬為吃法，強調嚼勁。美濃則配合冬瓜、高麗菜、筍絲悶封齊燉至軟爛入味，由豬腳衍生出「冬瓜封」、「高麗菜封」等滷菜，樣樣豐腴可口。

豬腳在美濃和萬巒都是出名菜色，不論口感有嚼勁或軟爛，樣樣豐腴可口。

內臟方面客屬也絲毫不浪費，豬肚以「覆菜」燉湯是一絕。豬腸常配薑絲和醋炒成甜酸口味，就是薑絲大腸。山歌「病子歌」裡丈夫問懷孕妻子要吃什麼？妻子答道：「愛食豬腸炒薑絲」，可見這是由來已久的客家菜。東勢人偏好以蒜葉炒豬腸。新竹新埔則以豬腸塞肉的「煙腸」著稱。豬利頭（舌頭）炒紫蘇也很對味。

傳統主業為農的客屬常不願吃牛肉和狗肉，西螺七

白斬雞剁盤用打等的大閹雞做成，肥美難以形容。

苦瓜配上鹹蛋十分神奇，苦味全消，益增鮮美。

崁的家訓第二條就是「不食牛犬，推恩無類」，但有些客屬卻反其道。中壢新明牛肉和牛雜、竹東國王廟前的牛肉麵店都很出名。每逢冬天，苗栗山線和美濃就出現抓狗的隊伍，男人們捉到狗後，自己宰殺烹煮，認為是最滋養的補品。女性不吃，也不經手。

雞鴨魚肉都上完了，來些快炒吧。所謂的「客家小炒」是以肥肉爆炒魷魚絲，腴美的肉絲搭配乾韌的魷魚絲，兩種不同的口味相得益彰。有時加上蔥、韭菜或芹菜拌炒，則葷素俱全、營養均衡。「灰鴨春（鹹蛋）苦瓜」也十分神奇，兩項合炒，苦瓜的苦味全消，反倒烘托出鹹蛋黃的鮮美。

在香港，客家菜稱為「東江菜」，東江菜除了標榜鹽焗作法外，另一個特色是「有餡的菜」，其中以「釀豆腐」最為馳名，把碎肉調味鑲嵌於豆腐內齊燉，鮮美異常。也可釀茄子、苦瓜、大黃瓜甚至冬瓜，這些宴席料理其實都出自家常菜。

肥肉配紅糖，是桃園客家的最愛。紅糖料理可不只是福州人的專利哟！

客家私房小菜

不少客屬患有蠶豆症，不能吃蠶豆、大紅豆、花豆等，否則有溶血的嚴重反應，四季豆則無害。四季豆成熟後曬乾，做成的「豆乾」煮湯，是清淡爽口的客家湯品。「羊乳頭」則是一種小灌木的枝幹，燉雞最滋補。「假冬蟲」近年在苗栗山區流行種植，其根部酷似冬蟲夏草，炒食之有自然的清甜爽脆。「野蓮」只生長於美濃一帶的水塘中，根在淺岸，細長枝葉向水底延伸，可達數公尺，為稀有水生植物，美濃人視之為招待貴賓之名菜。這是幾樣客家的私房山蔬。

醃漬類青菜一直是客家特產，有多少市售蘿蔔乾都標榜是「客家菜脯」。除了各家戶自產自用外，全台最大的商業產地在嘉義布袋菜脯里、中安里的鹽地仔，源自該處說海陸話的劉姓客家。新竹山區更把蘿蔔乾封儲二、三十年再食用，謂之「老菜脯」；並相信可治喉痛咳嗽。它的顏色淤黑，已無鹹味，綿軟不復爽脆。蘿蔔還有多種處理方式，東勢人把它切丁，醃泡幾天即食用，甜脆可口，謂之「吾地龍」。

芥菜普遍為客屬種作，苗栗公館將之加鹽踩去水份，放入甕中倒扣製成「覆菜」，進一步曬乾可做冬菜或梅乾菜。雲林大埤號稱「酸菜的故鄉」，獨佔九成台灣市場，所以你買的酸菜都出自五十三庄客家。

芥菜可做成覆菜、酸菜、冬菜或梅乾菜，是醃漬蔬品的王牌。

●美食
粒米中的大世界

你可能不知道，近年台灣各種小包裝品牌米，其實多出自客家農區！濁水溪南岸的詔安客栽培良質的「西螺米」，「三好米」則泰半來自彰化的「七界內」客庄。東台灣「池上米」早已名聞遐邇，聲勢直追其後的「關山米」、「富麗（富里）米」，三處產區鄉鎮大部分是北客的移民。

然而客家不僅會種稻，還會將米變化成種種美食。北部客家擅長以糯米做各種變化，南部客屬則用在來米，甚少用糯米。北客每逢節慶必備「粢粑」，係用糯米磨漿蒸熟後，以竹棍攪拌至黏稠凝結，或者以杵臼大力搥擊，增加黏度，稱為「打粢粑」。熱騰騰的粢粑以筷子夾剪成小塊，沾上花生粉、糖粉來吃，最為慣見。但是客屬還有特別的另類吃法──沾爌肉湯（滷肉汁）。親朋好友齊聚一堂打粢粑，有玩有吃好快活，吃一個個、孤伶伶的「麻糬」多無趣。

各種客家米食遵循歲時節令製作，且具有深刻的社會意義。北部客家稱為「紅粄」，六堆客家說的「龜粄」，就是福佬人的紅龜粿，除了嫁娶、祝壽、十月十五「圓福」（謝平安）都得用到外，每年正月十五，台中東勢和屏東佳冬、里港武洛、車城保力等客庄，凡於年內產子得孫者，這一天都要做紅粄分給全村，名為「新丁粄」；新丁粄維繫了各家各姓間的情誼，甚至是庄內最重要的年度活動，紅粄因此意義非凡。

「掛紙」（掃墓）必備「艾粄」，糯米外皮加入鼠麴草而顯得綠油油的。「五月節」（端午）則要包粽子，傳統客家粽是「粄粽」，將糯米磨粉製作，因此看不到顆粒，更為耐飢。

正月半（元宵）及冬節（冬至）所吃的湯圓，各地名稱紛歧，如桃園稱「雪圓」、竹苗的「粄圓」、東勢和西螺的「惜圓」、六堆的「圓粄」等。客式鹹

東台灣台東池上的池上米，出自縱谷客家精心的栽培。

北部客家節慶必備的粢粑，親友齊來打粢粑，有玩有吃好快活。

雖然客家地區較常見到新丁粄，但它並非客家文化專屬特色。

湯圓的特色在於將湯圓燙熟後撈起，加入以豬肉爆香、茼蒿等青蔬搭配的高湯中；湯圓滑潤、湯料豐富，相得益彰。

過年除了炊「甜粄」（年糕）與「發粄」（發粿）外，還會炊製狀若船形帽的「菜包」，不顯眼的糯米外皮內，包以燜乾後炒香的鮮蘿蔔絲。費料費工，但較生蘿蔔或乾蘿蔔絲為餡者好吃多多。

在來米磨漿加上不同配料，可做成木瓜粄、蘿蔔粄、芋仔粄。若僅加糖或豆干、爆香肉末，盛碗內炊熟則是「水粄」，類似福佬人的碗粿。東勢人則吃一層甜、一層鹹，層層相疊的「九層粄」。

而單以清粄漿平鋪為手帕狀，炊熟後切條，是為六堆人說的「面帕粄」，北部客家的「粄條」。新竹新埔粄條佐以豬骨清湯，美濃和萬巒粄條則強調厚重口感，燥的（乾拌）與溼的（湯煮）皆宜。靠海的佳冬粄條內加入蚵仔，更是鮮美。「蕃薯粄」以蕃薯心混合糯米，使外皮偏紅黃色，內包筍丁。善用各種主、配料與烹調技巧，客家創造了一個粄食世界。

粄條有多種吃法，燥的（乾拌）與溼的（湯煮）皆宜

「凍頂」其實是「崠頂」

台灣茶的生產幾乎與客家密不可分，除了大台北地區廣義的文山茶為泉州安溪移民所栽種外，北海岸與桃竹苗的茶產區，都屬客庄。客家山歌的傳承盛極於北台灣，實在得助於茶業的繁榮，位處平原上的六堆客眾則不然。時至今日，新竹峨眉的東方美人、苗栗頭屋的老田寮茶等，仍飄香你我茗壺間。而晚近流芳齒頰的嘉義、南投阿里山高山茶、宜蘭大同的玉蘭茶、花蓮瑞穗的鶴岡茶、台東鹿野的福鹿茶等，泰半為原本精擅茶業的北部客家，於移民後因地制宜的新傑作。

或許您認為前述的茶葉都是小眾的、地區性的，但是多少招牌、包裝上標榜的「凍頂」——眾所周知的台茶代表，產地名稱竟也暗示它的客家淵源。凍頂位於南投鹿谷，「凍」實作「崠」，來自客語的「山巔」之意；客家地名以「崠」表山尖，如新竹寶山雞油崠、苗栗獅潭八角崠等。試想凍字若為「結凍」之意，被霜害所侵的茶樹還能存活嗎？

新竹北埔的膨風茶，和沖泡呈粉末狀的擂茶，近年來聲名大噪。

◉美食
生活間的客家美食

　　中午肚子餓了，正經八百的人會吃個便當，全台灣最常見的品牌盒餐應該是「池上便當」。池上便當創始於日本時代。彼時火車速度慢，花蓮、台東間往來旅客，需要中途的用餐地點，而池上接近兩地的中程。由客屬李老太太開始做飯盒供應旅人。因為火車時程甚久，菜色起先都以耐放的滷豬舌、豆干、煙腸、蘿蔔乾為主。而池上米質香Q，配以木片蒸出的芳郁氣味，很快地大受歡迎，直至今日。

　　不想吃飯，來碗魷魚羹吧。晚近興起的沙茶調味魷魚羹，也都標榜客家風味，林立台北大安、文山區的街頭。吃肉圓？當然要吃北斗肉圓。如果你是標準美食一族，專程前往彰化北斗，當地最出名的兄弟店：阿生、阿瑞肉圓，也係陸豐客屬范家經營。

　　懶得出門？那冰箱裡還有大溪豆干。大溪豆干創始人黃大目祖籍詔安秀篆，由客家庄南興遷大溪街面；大溪豆干也是源自客屬的名產。或者吃個餅就好了。最通俗的是「太陽餅」，創始太陽餅的魏家祖籍南靖梅林，日本時代由神岡鄉客家庄社口搬入台中市，製作太陽餅騰達至今。

　　更挑嘴的人指名要豐原雪花齋的「鳳眼糕」！這家餅店的呂老闆，是祖籍詔安秀篆的漳州客，起初向潮籍師傅習藝，產品遠近馳名。而神岡鄉社口的犁記餅店張家也是南靖梅林客家，特製的綠豆挱甜中帶鹹，購者絡繹不絕。這些知名餅食，個個出自中部漳州客家精心調製。

　　上回去北埔喝「擂茶」時不是帶回了蕃薯餅、芋餅嗎？或者要吃天然高纖的柿餅？蕃薯餅、芋餅是北部客家的傳統中秋月餅。新埔、北埔產的柿餅，則拜九降風（秋天之東北季風）之賜，自然風乾格外好吃。而客家「擂茶」本已瀕臨失傳，戰後來北埔定居之陸豐彭姓客屬將之復興。是將茶末、芝麻、花生粉搗碎研粉，再以熱茶沖泡的另類泡茶。

　　提到喝，要什麼飲料？樓下巷口的燒仙草好了。燒仙草本為中壢一帶吃法，有位原在中壢工作的呂先生覺得味道很不錯，就到台北通化夜市賣燒仙草，並登記專利。這種飲品一下子走紅於台北乃至全台，呂先生因有專利權而大發利市。另一樣標準台灣味的飲料木瓜牛奶，也是由客屬經營的高雄牛乳大王所創始。

　　以上提到的吃吃喝喝，有幾種你知道它的客家淵源？

第五章

他們現在呢？以後呢？

甲午戰爭中戰敗的清朝將台灣割讓給日本，
此後的台灣走向一條不同的路徑，
而客家的也隨著台灣整體的命運而改變。
二十世紀的百年間，
客家的面貌與位置又是如何？

◉內部移動

尋覓新故鄉 客家的台灣內部移動

宜蘭大同的「玉蘭茶」，為北部客家遷居泰雅族地界後的特產農作。

　　大清皇帝透過仕紳間接統治他的臣民，到了日本政府時代則不復如此，國家更有效地直接管制國民的生活，所以過去自力救濟式的械鬥少見了。另一方面，隨著現代水利的興設、山林資源的開發、原住民勢力的遭壓制，出現許多新的生活空間。而現代醫學也使得人口穩定成長，新世代的人又需要新的居所。以上種種因素，使得二十世紀前期的台灣，湧起內部的移民潮流。客家，也在找尋新的故鄉。

蘭陽‧樟腦‧新客蹤

蘭陽平原其實是清代漢人最後完成的墾殖區，十九世紀初設官治理以來，

不知有多少漳州的福佬與客家，輾轉移民入居，所以不少宜蘭人的開基祖墳是在桃園縣。整個十九世紀裡，宜蘭的樟腦不斷吸引專業的移民，其中有多少客屬難以瞭解。但是在日本人徹底征服泰雅族後，蘭陽平原周邊的山區遍布了桃竹苗客家移民。溪北集中在員山鄉粗坑、圳頭、雙連埤與大同鄉松蘿村；溪南則分布於三星鄉與冬山鄉，三星的天送埤百分之八十主要為桃園平鎮宋姓、新竹關西張、戴、徐姓。冬山鄉則集中於大進村淋漓坑。他們更南挺進到蘇澳鎮蘇花公路上的東澳地區，以及與南澳鄉交界的大南澳地區。

台北縣與基隆市的二十世紀客家移民

日本時代不少桃竹苗客家人搬到新店的大坪林，三峽郊區的竹崙、竹坑、五寮、大寮、有木等里。也有部分搬到瑞芳的九份、金瓜石。這批農林與工礦從業者，形成日後大台北都會圈（含基隆）的首批客家新移民。

台北縣在光復以後，一九六○年代以烏來、三峽、三重、永和客家人最集中。七○年代以來的三重市成為全台灣的移民匯集地，其中不少為桃竹苗客家，雲林縣的移民也很可觀，其中包含許多二崙、崙背、西螺的詔安客。

重要的分野是一九八○年，桃竹苗屏花東六個客家人較密集的縣份，移入台北縣的人口開始超過台北市。一九八○至九○年間，以苗栗縣移入北縣的人口最多，按比例應有七萬是該縣客家城鄉移民，有在中永和集中現象。其次是桃園縣移民，集中於鶯歌、林口。再其次是新竹縣，也集中在中永和。

總計到一九九○年為止，中永和及新店為近年客家城鄉移民較為眾多的地區。在數字上，台北縣的客家人口有與桃竹苗等客家大縣相比之勢，而所佔比例卻為其他族群所沖淡。

目前基隆市的客家以暖暖區所佔人口比例最高，而以中山區人口最集中。基隆市客家人口應有三萬人，多從桃竹苗搬來。

台北市客家街路文化節及街路史，選在新竹客屬密集的通化街進行。

台北市的客家街道

在一九○五年的人口普查資料中，今日台北市內的廣東祖籍人口不到四百人，這個數字可能忽略了北海岸的汀州客家移居市內的事實，但卻說明了台北

湧入中橫沿線的台中客屬，締造了大甲溪上游的溫帶水果王國。

市客家的稀薄度。

日治後期，桃竹苗客家移民搬往三張犁（大安區忠孝東路、光復北路口一帶）、六張犁（基隆路、和平東路口一帶）。楊梅張姓等移入坪頂（士林區平等里）。內湖區名剎金龍寺，也為此時期的竹東客家移民 主持興建，廟前豎立著以客家文學家吳濁流為名的文學獎紀念碑。

一九七〇至八〇年間，台北市的客家以桃園縣移入者為最多，其次是苗栗縣。依照鄉鎮別則以中壢市移居的人數最高。一九八〇至九〇年間，自桃園縣移入的人口多集中在古亭區，來自新竹縣者集中在大安區，花東兩縣的移民則以南港、內湖者最多。

那麼台北市究竟有沒有「客家街」呢？恐怕大都會五方雜處的特性無法成就此事實。不過，台北市西南部的克難街（今萬青街），南部的南昌街、羅斯福路、同安街、廈門街、泰順街，東南部的通化街、臥龍街、嘉興街、吳興街，東部的虎林街、合江街、五常街、長春路，北部的石牌路，中部的塔城街等等，都是目前客家人比較密集的地方。

北市客家城鄉移民以桃竹苗為大宗，其他如台中東勢、高屏六堆、花東等區移民都算少數。個別街路則是有特定區域移民集中的現象，如同安街多為桃園中壢、平鎮、龍潭的移民；通化街的客家則由新竹新埔、關西、竹東前來。

桃竹苗客家，二十世紀最大的移民隊伍

日本人徹底征服泰雅族以來，桃園大溪的花草林、水流東，以及復興鄉的石門、枕頭山、角板山等山區，就近由龍潭等地居民移入。新竹方面則先由橫山鄉內灣、竹東鎮上坪，進而移民到山地鄉五峰、尖石。苗栗的客家移民也援例深入南庄、大湖、泰安等原住民區域。

當然桃竹苗客家的高承載人口不以東側山區為限，而是向全台各地輸出人口。然而在二十世紀晚期，各區域的中心如桃園、中壢、新竹、頭份、苗栗等

市鎮，也吸引鄰近鄉村人口，為求生活便利而移居。致使鄰近的八德、平鎮兩鄉升格成市，竹東、竹北等地日漸繁榮。

中台灣客家版圖的退縮與延伸

台中縣市的客家版圖在日治以後退縮至東勢地區，原先豐原地區與台中市客語已然失傳。今日，在海線地區被視為客家者，指的是由苗栗遷來者。大甲鎮日南社、日南、九張犁等處客屬較密集，其中最多者為日南社（今日南里），佔百分之四十。外埔鄉日治時期自苗栗移入的客家人佔全鄉百分之三十，其中六分、蔀子等地客家居多數。后里鄉也有新竹、苗栗、東勢客屬進入口庄、墩仔腳等地。

東勢客家延續清代墾拓方向，向中橫西段的和平鄉繼續深入，遍布南勢到谷關之間各聚落，尤其以裡冷、雪山坑、久良栖、南勢、埋伏坪較為密集。日本人締造的中台灣都會台中市，工商業吸引苗栗與東勢客家，一九五〇年以後移入台中市的客屬約佔全市百分之四·三，以北屯區最集中。

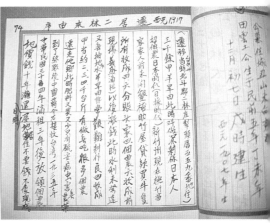

彰化犂頭厝陳輝水先生的手抄族譜，記載了客家移民源成農場「七界內」的歷史。

彰化縣「七界內」客家

分布於員林、田中、溪湖三個街區之間的南彰化客家，由於漸次與漳州福佬合流，變成福佬客。但客語在此消音不久後，日本資本家成立的三五公司，一九〇九年在二林、竹塘與埤頭交界處成立源成農場，種植製糖原料甘蔗。傳云佔地達七大地段，所以俗稱七界。源成農場於一九二一年整治濁水溪舊道溪州、北斗的新生地，都從桃竹苗招募人力，所以「七界內」客家遂在南彰化平原上，開始了從異鄉到故鄉的生活。

彰化二林徐清滿先生家中別具一格的「阿公婆牌」（祖先牌位）。清滿伯的兒子買回福佬式的「公媽龕」，卻被他自行改成「客人大牌」。可視為福佬、客家文化互動的產物。他說：「𠊎客人牌一代一代、幾世幾世相當清楚，阿公婆的名字子孫也看得到，阿公婆本身沒被擋住，也看得卡遠。」

這批客家在一九一三年建立了供奉三恩主的醒靈宮，廟址位於竹塘鄉民靖村。狹義的七界內指的是醒靈宮的祭祀範圍，總計有三區二十五個庄頭。

而廣義的七界內則包含七個鄉鎮內的北客移民村落。分別位於二林鎮的後厝、東華、東興、興華、復豐、原斗、西斗等里，埤頭鄉的大湖、豐崙村，竹塘鄉民靖、小西、新廣、土庫村，北斗鎮新生里，溪州鄉的成功、西畔、圳寮村與舊眉村客人庄、三條村廣東巷，田中鎮梅州里，以及福興鄉福興村客人仔庄、鎮平村後溪仔。總計分布達三十餘個聚落。

九二一震災重創的南投客家

一九九九年的九二一震災，已成為台灣的世紀末傷痛，或許要透過媒體，人們才認識這些鄉鎮：中寮、國姓、仁愛、水里、信義。的確，它們是災區，原本也是客家在二十世紀的新故鄉。

沿著中潭公路，過了草屯街區不久後，會經過知名的檳榔產地雙冬，雙冬及平林兩里的客家人口約佔當地百分之二十七。而北勢、中原、土城等里也都有客屬移民的小型聚落。再是國姓鄉，這裡日治以來陸續有桃竹苗、東勢客家移民搬入，其中以新竹縣民居多。過隧道後是埔里了，埔里自十九世紀晚期以來即吸收各方移民，日治時期桃竹苗移民多到烏牛欄、水尾、牛眠山、大湳。到了二十世紀中葉，埔里鎮客家居多的聚落有挑米坑、水尾、小埔社等處。而日月潭所屬的魚池鄉，在鄉內的加道坑、蓮花池居民以客屬居多，東光、鹿篙也有不少。客家更深入仁愛鄉，分布於霧社、東眼、萬大、干卓萬、武界等地。

中寮全鄉客屬佔百分之二十五，其中永平村多新竹來客。而中寮、和興、

「客人仔真打拼！」

彰雲嘉南平原與屏東平原是台灣的老農墾區，開闢的歷史可上溯明鄭時期，何以桃竹苗客家在二十世紀初期還找得到耕地？原因是：「客人仔真打拼！」許多西部平原上的福佬老農夫，不禁如此誇獎。

北部客家原本即有向大自然擠壓耕地的傳統，所以有以蓑衣、笠嬤（斗笠）形容田畝之小的語彙，在移入中央山脈的丘陵地後，極度甚至過度開闢山間水濱的農田。來到西部平原後則致力供水、除草以增加產量，甚至將原本僅供一季稻作的田地轉化成兩季稻作，所以佃作也划算。二次大戰末期大轟炸期間，許多福佬農民不敢下田，遂將田地租賃給客家人。

日本人以現代工程技術改變或確定若干大河流的河道後，出現了許多新生地，這些石頭遍布的河床地當地居民不屑一顧。然而，入墾桃園台地或竹苗丘陵的客家，起初即面對這樣的自然環境，經驗超過百年。所以彰化的濁水溪故道、雲林的虎尾溪故道、嘉義華興溪與高雄的荖濃溪河床，乃至花東的秀姑巒溪與卑南大溪河床，就由桃竹苗客家將石頭一一挖起，化溪埔為良田。

福盛、大坑、粗坑等地客家人都不少。名間鄉的新民村則多苗栗移民。

　　南投南區的水里鄉內,水裡坑、社仔、郡坑、新興、民和、城中等地均有不少客屬,包含新竹、東勢兩地來者。信義鄉各村幾乎都有客家分布,近年的調查顯示愛國、自強、神木等村均為客屬,和社村佔大多數,豐丘村則有一半。

客家移民來到雲嘉南

　　跨過濁水溪來到南台灣。今日雲林縣內,除了西螺以西的詔安客屬堅持母語到二十世紀末外,斗六市西南的「前粵籍九莊」,與地跨雲嘉的「五十三庄」客家,在甲午戰爭那年已被視為「言語起居多效漳人」。因此形成日後大家「西部平原沒有客家」的成見。

　　日治時期注入此地區的客家新血也是來自桃竹苗,移入崙背鄉的水尾、田底、頂厝,二崙鄉的庄西、公館、港後、二崙、八角亭等地;尤其田底、水尾成為純然北部客家移民的村落。南雲林的大坤鄉,苗栗客屬集居小小的田寮聚落,成為五十三庄內唯一尚通客話的客庄。中壢的饒平許姓則移入土庫鎮的南新莊。

　　日本時代從桃竹苗招佃,在嘉義縣成立許多客家移民村,繁衍至今,總人數約有三、四萬。尤其集中於嘉義市以東的丘陵地帶。客屬多見於竹崎鄉沙

高雄義民廟仿桃竹十五大庄組織,建構四大庄輪值之祭典,延伸北客在南台灣的新版圖。

坑、榮和。番路鄉的永興、草山等村。阿里山鄉則以十字村最多，其次豐山村，香林村，遊樂區內的中山村、中正村也有不少。中埔鄉則以田寮、柚子宅、水尾、竹圍、茶亭、瑞源等為多，大埔鄉的大埔、茄苳腳、坪林、雙溪、射兔潭也是分布點。清代「後大埔」與竹崎內埔「十三庄頭」地區消逝的客語，由這些北部客家移民延續發聲。

嘉義縣的中部平原上的日治客家移民，則以民雄鄉、水上鄉較多。尤其是水上鄉尖山村，居民幾乎都來自新竹縣。海線的布袋鎮菜脯里、中安里鹽地仔也多見說海陸客話劉姓移民。

台南縣白河鎮也有日本時代招來桃竹苗勞工之後定居者，散布於崎內、林子內等近十個聚落裡，約有二百多人，其中鵝酒坑為純客家聚落，其他各村莊則客家人和世居住民混居。東山鄉橫路、嶺南、青山、高原等村散布桃竹苗移民。楠西鄉香蕉山也是苗栗客家移民村。南化鄉關山村的客屬以北部移民佔多數，鄉內其他村子也有零星分布。近幾十年來，桃竹苗和高屏六堆客家移入台

嘉義市與高雄市的褒忠義民廟

南台灣的嘉義、台南、高雄三個大都市，除了台南因地近六堆的右堆而多吸收美濃一帶移民外，嘉義與高雄都建立了象徵桃竹苗客家的義民廟。

日治時期遷入的北部客家，光復後漸漸經濟寬裕，遂為原在家宅奉祀的義民爺倡建廟宇，此後每年七月二十日義民節祭典，便成為嘉義與高雄地區北客移民現身的時刻。而兩處「客人廟」前數量龐大的全豬獻供，也成為兩地其他族群奔走相告、嘖嘖稱奇的目標。

兩地的北客也模擬了原鄉新埔十五大庄或平鎮十三大庄的祭祀組織，高雄義民廟成立了四大庄輪值，範圍包括高雄縣市。高市以鐵路南北為界區別第一、二庄，第三庄則為寶珠溝、覆鼎金、灣仔內工專前等地，高縣的仁武、鳥松、鳳山則編為第四庄。嘉義義民廟的轄區則南起白河、北迄斗六，涵蓋雲嘉南四縣市的北客移民，分為五區輪值祭典。

全民參與的十五、十三大庄義民祭典，幾乎為桃竹三縣市客家領土下定義。而以個別家戶為參與單位四大庄或五區，除了展現他們對義民爺的虔敬外，也揭露了二十世紀北客在南台灣開拓的新版圖。

南市者不少,而南部移民比北部多。台南市目前約有五千名客家城鄉移民。

四方來客的相遇──高屏縣市

除了原籍美濃的進士黃驤雲移居頭份外,清代台灣南北的客家似乎少有聯繫,二十世紀的農業拓展與工商就業機會,終於使得各地客家齊聚高雄都會。

日治時期不少桃竹苗客家人移居高雄縣澄清湖一帶,如鳥松鄉三抱竹謝姓來自苗栗銅鑼;仁武鄉劉姓來自新竹新埔等;形成了灣內、大灣、大華等聚落。而旗山東緣的旗尾一部分、美濃西南部的南隆地區,幾乎都由北部客家移民所居住;繁衍至今已有二萬多人。他們更深入到六龜市街,以及該鄉更北的新發村。另一支北部客家遷到甲仙鄉,主要分布於鹽桑花、油礦巷。少數到達更上游的山地鄉三民定居。

也有一批北部客家到高雄市三民區的龍子、寶珠、寶龍等里,形成菜公、凹底等聚落,時間在一九二〇至

一九九八年底開幕的高雄市客家文物館,顯示南台灣都會客家也開始重視族群現身。

三〇年代。北部客家日本時代前來,多以農業移民為主,光復後則因工商定居。而鄰近高市的六堆客家,自然也為此都會吸引。高屏六堆客家移民以前鎮、小港二區較多。集中於高雄都會的客家,除了來自桃竹苗、台中東勢、六堆三區域的移民外,一九七〇年代以後更吸引東台灣的二次客家移民。總計高市客家約有二十萬人以上。一九九八年十一月,位在同盟路的客家文物館開幕,顯示此一都會官方開始對客家族群份量的衡酌。

屏東縣方面,日治時期桃竹苗客家人移居高樹鄉尾寮、長治鄉上寮、下寮,竹田鄉崙仔,南州鄉羅家以及大埔的新竹寮、阿四寮,九如鄉玉水。台中東勢客家移居竹田鄉土庫、內埔鄉中林村大埔。而許多六堆本地客家,在日本

移居後山的北台灣客家農民，將花東縱谷中段的溪埔礫灘轉化為良田，所見為花蓮富里一帶。

在台東鹿野，你可以看到客家移民以故鄉苗栗南庄命名的修車廠。

時代遷往恆春半島滿州鄉，牡丹鄉旭海等地。或者隨同馬卡道平埔族的腳步，前往東台灣另闢新天地。

東台灣──客家的新天地

由於西台灣與宜蘭已屬人口滿載區域，殖民當局曾規畫將清代的台東直隸州輸入日本移民，改造成為真正的大和國土。不過，這個企圖失敗了，後來的花蓮台東，終究成為台籍自由移民的新天地。其中，客家一直是先鋒。

花蓮縣的桃竹苗移民集中在花東縱谷，富里、鳳林、吉安、玉里、瑞穗等鄉鎮客家人居多數，其他如壽豐、光復等鄉也有不少。花蓮市則以主權、國富等里為多。高屏客家移民集中在南端的玉里、富里，人數遠少於北部來者。此外還有西螺一帶搬來的廖、李姓詔安客家，約二百多人，集中在吉安鄉南埔、稻香等里。鳳林也有桃園大溪來的詔安客。

花蓮縣乃多族群混居之地，純粹由客家人形成的聚落不多，如鳳林鎮南方的長橋里，瑞穗鄉的池家、瑞北，玉里鎮南方的源成里（原名「客人城」），富里鄉的竹田等地。主要是桃竹苗移民，其次是高屏六堆客家。

「池上米」已成台東縣最出名的物產，但北側的富里與南邊的關山，同樣強調他們的富麗米、關山米絕不亞讓。這三個鄉鎮都以客家居民為主，講福佬話的居民，泰半是平埔族後裔。花東縱谷再南行直抵達鹿野，才算脫離東台灣的客鄉。但是位於台東市北境的馬蘭聚落分為阿美族區跟漢人區，而漢人區幾乎都是苗栗客家移民。

花東海岸是全台灣漢人比例最低的地區，但是在阿美族與平埔族間，你仍可碰到一些桃竹苗客家，他們大半是樟腦工人的後裔。東海岸上的成功鎮有東台灣漢人的最早聚落成廣澳，這個現名小港的聚落是由溫、馬兩姓開庄，溫氏家族為來自屏東內埔的客屬。至於成功的街區新港，客屬佔三分之一，也以屏東客家居多。

台東市以南的排灣族部落間，仍可見「客人城」地名。太麻里鄉的香蘭則見美濃客與北客混居。六堆客家移民的起始點大抵在海岸線上，而北部客家則於縱谷區內多見。這是台東縣客家分布的粗略大勢。

舉家自新竹新埔遷居台東池上的魏氏家族，門額堂號卻採用六堆客家的寫法，「堂」字居中。

◉ 職業分布
都會找頭路 客家的現代職業分布

日治時期糖廠與鐵路的職務，已使得若干台灣人過著「領月給」薪水生涯，二次大戰後台灣更面臨新的變局，從農業轉換到工業跑道上，更使得移民自鄉至城流動，都會區十方匯集。統治或政治上的開放，兼以職業選擇的自由度，台灣成為一個開放社會。在這種遊戲規則下，客家的輸贏何在？

前面我們曾提到，客屬有頑強的農業性格，刻意選擇鄉居，或在都會裡堅持種菜。傳統客家人以農為本，但於不甚寬裕的農家生活底下，仍力謀改善經濟之法。客家社會中儘多小工小商，大型的工商產業卻每每掌握於他族聚居的城市裡，因此走工商之路，傳統客屬認為是吃力的、不易發展的；相對地，他們覺得讀書科考，若認真努力，可以任高官要職，不僅富裕家身，也博得功名，滿足客屬相信自己是世家大族之後的信仰。

在新時代的都會生活中，也見到客家的政治參與，爭取發聲空間。

所以，傳統上客家人緊緊捉住「耕讀」二字，「一等人忠臣孝子，二件事讀書耕田」的家訓從大陸原鄉、六堆一路帶到花東。這種看法一直使學問的追求為的是仕途的進階，而非為知識本身的價值。而讀書功名成了神聖無比的事，清代舉人貢生的牌匾，和日治時期日本知名大學的學位並列於宗祠廟堂上。這種對學歷名銜的無盡追求，其實背後付出了沉重代價；家中賣田賣地的辛苦供給、長期無法和配偶及子女團聚……而客家社會中求學屢遭挫折者，成為被鄙夷和放棄的一群。整體鄉村社會因受高等教育的人多半出外發展，因而地方人文素養並未因此提升。這種問題的本質，至今始終未變。

基於客家人耕讀的傳統，重視教育，因而台灣許多客家人都從事教職，除大專院校的教授外，也有很多在各級學校擔任教師及行政人員。尤其是花蓮鳳林，那裡幾乎被視為是專門出中小學校長。補教界客家人也很多，無論是補留學托福、甚至是教小朋友功文數學，或編升學參考書的，很多是客家人。出版業客家人也不少，如台北市大安、中正區這一帶的水牛、桂冠、唐山、南天、文鶴、五南、松岡等知名的十幾家出版社，都是由客家人經營。

專業出版與相關行業為都會客家另一集中職業別，如桂冠、南天、文鶴等圖書出版業，老闆都是客屬，圖為台北公館的另類小眾書店負責人陳先生。

讀書受教育除了進入學校、出版社等文教單位外，到公部門做事則是更常見的出路。一般為通過高普考，在各級政府機關中工作。客家人大批從事公部門的職業最早起於日本時代，當時許多人進入台鐵及郵電單位，其中阿里山森

林鐵路的開闢與客家人關係相當密切，因為有許多客家人都是鐵路工人，客屬過去在桃竹苗山區從事砍伐木材及樟腦的工作，以他們對山林熟悉的經驗，很多人從事鐵路建築工或鐵路完成後之維修者，或鐵路沿線的開發工作，如伐木、採樟等。

投身軍旅的客家人也不少。從日本時代起就是如此，當時很多人參加二次大戰，戰後甚至在國共內戰時被徵調至大陸打共產黨，尤以新竹寶山地區為多。也有些人在軍旅生涯中升至高官，如美濃人吳其樑，他就是中將，還當成功嶺班主任，是成功嶺上位階最高的軍官。但較少人擔任過上將，因為台灣的上將除了湯曜明、郭宗清等少數外，基本上都是外省人居多。

從以上的現象描述可以看出，客屬在社經地位選擇上，追求穩定的本質。不論軍公文教，都是少有大起大落，相對安定的職業。就連鄉村務農者，也偏好栽種政府保證收購的作物，成為另一種形式的公務員。美濃煙草契作是典型的例子。

當然，軍公文教職位有限，不可能容納所有的客屬。還是有不少人投入傳統客屬陌生的工商場域。都市中的客家人大多是中小企業管理階層或雇員，不是大老闆，收入大多在中產階級之後段，勞工階級之前段。因為缺乏資金，又不願冒借貸的風險，一般而言客屬鮮有自己創立大型企業者，而是受薪的上班族。

透過了宗親與同鄉的社會網絡，中藥成為台北都會客家常見的職業，以大安區通化街、泰順街與文山區的興隆路、木柵路為最多。

所謂台灣企業規模前十大、前百大的大型企業集團很少是客家人組成的。和客家較有淵源的應該是新光集團，因為新光的業主吳火獅年輕時在客家人開的布店中當學徒，所以他會說客家話，妻子也是客家人。相對來說，福佬人貧富差距較大，財團鉅子不少，低收入戶也多。此因激烈的商業競爭，利潤較高，所冒風險也增加，大起大落在所難免。經營成功者掌握資源，自然對其他競爭者產生排擠效應，彼此收益也就相去甚遠。這和客屬收入水準普遍集中在社會中層的平均和穩定，是頗不相同的社經處境。

大型企業固然少有，中小企業界卻有一些客家人闖出一片天。如食品工業的義美、萬家香醬油、金蘭醬油、葡萄王、保力達。化粧品業如資生堂、花王。資訊業如賀商電腦、金陵電子。運輸業如高雄客運，其經營範圍遍及高雄市、高雄縣、屏東縣，甚至恒春半島上本來都是屏東客運或台汽的業務，但後來因為虧損由高雄客運接手，所以高屏三

小吃業成本低回收快，容易進入；只要名掛「四海」的豆漿店，老闆多是客家人。

縣市的客運都是由高雄客運經營，其業主林水金等就是豐原、東勢一帶的客家人。建築業如住商不動產，而尖美集團則是日據時移民高雄市之客屬，業務已由高雄拓展到屏東地區。

至於那些幾乎沒有創業資本的客家人，除了加入企業成為雇員，在都市中想要立足，做小吃業成本低回收快，是較容易進入的行業。很多人是由擺攤開始，繼而存錢開設店面，最後可能開連鎖店。如台北汀州路和師大夜市的客家魷魚羹店就是同一個老闆。四海豆漿店則是更典型的，只要名號掛四海的豆漿店，老闆多半是苗栗客家。高雄牛乳大王是由南部發跡到北部的一家客屬餐飲企業，擁有許多分店。

阿扁的客家政策

此外，從事中、西藥行業的也很多，因為客家人重視文教，對文字敏感度較高，若要取得中、西藥店營業執照，需要背誦許多藥名，通過考試才可。這樣的工作恰是客家人所能勝任。台北興隆路、通化街、泰順街的中、西藥店多由客屬包辦。還有許多精細的手工業，如眼鏡、鐘錶、照相等技術性行業，都是客家人在都市中常選擇的生計。

總之，客屬在現代社會中謀生存，似乎甚少取得自身族群所提供的人脈、地域、資金等資源，於都市中的營生，主要還是靠後天的努力。追求穩定、避免冒險的價值觀促使他們偏好文教公務職業。而投入工商場域者，務本的製造業也多於貿易、服務、金融等面向。雖少創業的頭家，但傳統倫理觀念卻使客家人成為認真盡職的好員工。

都會區客家應該以候選人的客家身分，還是客家政策決定選票流向，取得政治資源？

◉客語傳承

寧忘祖宗聲？ 客語的斷層危機

　　客家人為謀求生計所以不斷移出原鄉，這些人移到外地去都不斷學習外地的強勢語言，在台北市這樣的大都會中主要是學習華語，其他地區則多是福佬話，所以漸漸將母語放在一旁。

　　為什麼客家人會讓母語這樣逐漸流失呢？有幾個原因，首先，很多客家人在出社會時，之所以會丟掉第一份工作，就是因為不會講福佬話。他們說應徵考試時筆試都能考得很好，但若想進入大同、長榮、奇美這類的大企業一定要會講福佬話，所以一到口試時就被刷下來，很多人都有這樣的慘痛經驗，所以覺得強勢的語言非學不可。至於華語方面，因為客家人很多從事軍公教行業，在這樣的環境中，無論原先是何身分，進入職場後最常講的語言還是華語。

　　在一份中研院社會所的調查中，一九四九年國民政府剛來台灣時，軍公教人員多屬外省籍，可是到一九九〇年代，台灣單一族群內軍公教比例最高的已是客家人了。客家人的語言危機也是來自這裡。表面上客家奉守耕讀的教訓，大家都有很高的學歷，但高學歷者對他的母語反而是高失憶。因為台灣教育體系由小至大，完全只用華語而

柔性的標語提醒，激烈的街頭抗爭，所求的都是為了母語能夠世代相傳。

以廣播發聲，擴大客語使用的空間。

無客語。在這種情況下，同時又是台灣從事軍公教比例最高的一個族群，可以想見客家母語流失之嚴重。造成這種現象更重要的原因是在一九八八年以前，任何有聲的傳播媒體，無論是電視、廣播，我們都聽不到客家話。

　　一九八七年創辦的《客家風雲》雜誌，凝結了客屬爭取母語權的願望。一九八八年，該雜誌社成員聯合各客家團體、客家工農運、政界人士，成立「客家權益促進會」，舉辦一場「還我母語」的萬人遊行，這可以說是標誌著客家人挽救母語的決心，開放廣電客語節目是第一項訴求。第二項是雙語教育，語

言平等政策。第三項則是修改廣電法中限制方言之條款，改為保障方言。

　　這場運動促使媒體在第二年開始開放客語節目，達成第一項訴求。其中播出最久的是台視的「鄉親鄉情」節目，那是個結合了客語歌唱、客家鄉鎮介紹，客語諺語或故事的節目。一九九〇年三台開始播放客語新聞。繼電視開放播出客語節目後，客家人開始爭取客語節目的廣播，但奇怪的是，電視很快就

可以允許播出，廣播節目的開放過程卻是艱辛而漫長。目前全天候純播放客語的廣播電台——寶島客家電台的成立過程，可說是一波三折。起先和TNT「寶島新聲」合作，製播客語帶狀節目。一九九四年電台規模初具，孰料器材剛架設好新聞局就來抄台，電台人士只好苦心復台，不久新聞局又來查抄。如此反覆折衝好幾次，最後終獲准於一九九六年，成立合法的「寶島客家電台」。

　　這之後，其他開闢客語節目時段的電台

為求一個合理的語言環境，都會客家推動種種公聽會，呼籲社會大眾的重視。

倒是不少，如台北電台，中廣公司等，尤其中廣，客家節目由最初僅有幾個節目發展到現今，還成立了一個客家頻道。其他如中央電台等客語節目也越來越多。不過純客語的寶島客家電台，在正式成為合法電台後，卻面臨了許多內部人事、經費的問題，常有許多紛爭，可見客家人想經營一個屬於自己的電台很不容易。

　　三台之外的有線電視台也有些嘗試播放客語節目的，如慈濟大愛台等。新成立的無線電視台民視和公視，對客家為主題、或以客語配音的節目都十分重

電子媒體所形成的空中公共領域，需要客家人的積極參與。

視。客家人也想成立一個屬於自己的有線電視台，像桃園平鎮於一九九六年成立了「中原客家電視台」，但經營到後來，缺乏能力製播多樣化的節目，大部分的時段都在放山歌，看不到其他內容，更有甚者，為求頻道生存，許多時段都被直銷業者購買，卻不用客語推銷產品。在衝破禁止客語播放的藩籬後，如何在商業競爭下長久生存，並維護節目品

搶救母語的呼聲湧起，各種客語教學和競賽應運而生。

質，實是所有客家媒體之共同課題。

　　還我母語運動的第二項訴求，是雙語教育，語言平等政策。一九八八年以來，民進黨執政縣市即開始推行母語教育。宜蘭和屏東是最早試辦母語教學的縣份。中央的教育部一直延宕到一九九四年，才委託清大語言所舉辦首次客家語言研討會，以作為推動客語教學之依據。直到二〇〇〇年，客家地區及都會的各級中小學，仍尚未落實全面性的客語教學，僅止於點狀的推動。這是還我母語運動中，至今唯一未竟的目標，卻也最難達成。

　　這是因為客語教學有許多問題，如沒有教材，如何教音標等。光是音標的教學就有許多爭議，教育部頒訂的注音符號第二式？國語推行委員會的通用拼音？還是長老教會當年留下來的羅馬拼音？甚至是中國大陸使用的漢語拼音都有人支持，也有些支持自創音標。除了音標之外還有漢字文字化的問題，如某個字客家話要怎麼寫？方言中許多有音無字的字又該怎麼辦？找出正字？另外造字？或是乾脆就用音標拼音？都有不同的爭議。所以教材編寫就有很多問題。

　　教材內容也是如此，如果教都市小孩客家話，但教材中全是傳統農村的題材，其實與他們的生活並不相關；若不教傳統的內容，許多現代的名詞又該如何說？如微波爐、手機，這些客家話原本都沒有的詞彙。如何在教材上處理傳統和現代的題材，傳統如何不與現實脫節，現代如何不會拋棄傳統，或避免教些根本不屬於傳統的東西，都是很困難的問題。

　　至於教材編寫，實際的狀況是中央的進度落後於地方政府，國民黨執政縣市的進度又落後於民進黨執政的縣市。民進黨執政縣市推行母語教育速度較快，如屏東縣很早即開始，一九九二年起，除客語外，福佬、魯凱、排灣族的母語都已納入教學，且有示範重點學校，再藉由重點學校的經驗推廣到其他學校去。繼之一九九三年台北縣也興辦客語教學，反而是客屬較多的桃竹苗較屏東慢，一九九四年新竹開始編輯一套海陸客語為主的教材，桃園和苗栗則又在此之後。最後才是台北市，一九九八年起，他們結合寶島客家電台的一些人才，在若干學校進行客語教學。至於台中地區則不是由政府帶頭推行，反是由東勢地區幾個客屬鄉鎮的熱心的國中小學老師編寫教材，利用早自習的時間帶學生朗讀客家詩文。宜蘭縣也很早就開始進行母語運動，但在推行客語方面卻

遭到一些阻礙。宜蘭選了六個學校推行，如三星鄉等地客家人的比例已經比宜蘭其他地方多，但客語推行卻不是很順利。可能因為客屬居住地較分散，大家的配合度及反應都不是很理想。

還有排課的問題，一般客語教學被認為是較不重要的課程，都被排在週六或聯課活動的時間，當成是社團活動或班會般的課程安排，再加上也不是升學考試的科目，所以相當不被重視。師資也是一個問題，並不是會講客語就能做客語教學，因此很多母語教學發展到最後就變成老師敷衍上級，學生不認真學，家長也不鼓勵的課程，所以母語教學一直到現在收效都不大。

台北市幼稚園現在也開始推行福佬話教學，但這整個計畫是將客家人、原住民等語言排除在外的，所以客家人的母語教育資源還是差勢族群很多。

一九八八年至今十多年來有許多人為客語保存運動努力，實際進行的不僅是教材，還包括字典、辭典、口傳文學。像六堆劉添珍做的是常用客話字典，苗栗中原週刊社做了一本中原客話辭典，後來苗栗地區楊政男、徐清明、龔萬灶等幾位老師又共同編了相當大的一部四縣客話的字典，頭份方面也編了一

客家話發音的劇場演出，是推行客語的另一途徑。

本，都收了很多字彙。雲林地區也有人在整理詔安客話，雖然還沒有達到編成字典的目標。已過世的彭秋武先生也曾編了一本東勢客家話字典，東勢地區的年輕人張凱揮也編了一本線上的電子有聲字典。這個字典有趣的是，只要在網上按下各個字彙，它就會播放該字的客語發音讓你聽，並解釋這個字彙的意義。因為張凱揮本身是東勢人，所以他先做的是東勢客語，之後才進行四縣及海陸客語。往後只要是對客語有興趣的人，不論國內外，只要上這個網站就可以知道客家話的字音。新竹地區也有楊鏡汀校長做的海陸同音詞彙字典。

此外，製作教材的人部分與整理口傳故事的人重疊。過去因為文字資料缺乏，許多故事、歌謠、諺語、謎語等的流傳都是以耆老口傳的方式在進行，整理口傳故事就是希望留下一次紀錄，且是純客語的文字紀錄。過去很多即便是客家題材的小說、電影，都並未使用客家話，最多就是用一點點綴而已，距離能用客

家話聽、說、讀、寫的目標其實還是太遠。

即便有這麼多人在努力，但還是有相當多不足之處，失傳危機仍然存在。語言為一種文化載體，我們現在吸收外來資訊的文字媒介不是英、日語，就是華語，一個小孩子單學這三種就夠頭痛了，不會再願意多學一種，最多就是再學代表本土意識的「台語」，客家話和原住民語都是被青少年放棄的語言，大家覺得學了沒有用，跟不上時代，學了也沒什麼好處。

綜合以上種種，外界沒有支持的力量，青少年沒有學習的意願，大社會的環境也用不到這種語言，客家年輕同儕間也不說客語，所以這個客語斷層是很危險的。

近年來「寧賣祖宗田，不忘祖宗言；寧賣祖宗坑，不忘祖宗聲」這樣的諺語在客家人之間廣為流傳。這個諺語好像表示客家人對祖宗的語言非常重視，但其實它代表的是客家人對祖宗語言失落的恐懼，客家人這麼容易地就拋棄了他們的母語，幾百萬人就這樣看著年輕一輩忘了他們的母語；這個諺語其實代表的是他們對母語失落的一種焦急的心態。如果語言斷掉了，就會出現前面我們一再提到的福佬客現象，幾代之後他們再也不覺得自己是客家人。例如台中以南，彰雲嘉南這一片廣大的區域中都有一些先前像桃竹苗地區的客家人，但語言失去後，他的族群認同一兩代後也完全失去了。所以一旦客語消失，台灣的客家人大概也就消失了。因此語言危機對客家人而言已十分急迫，而這竟然是客家人為了適應當代，所付出的慘重代價。

成年人養成和小孩說客語的習慣，是避免母語流失的要件。

◉社會運動
他們沒有缺席！ 社會運動中的客家

　　客家作為一個弱勢族群，在迥異於客屬傳統生活形態的現代社會中，面臨眾多的困境。首先是族群認同、文化意識的問題。為適應強勢族群的社會，客屬常需離鄉背景，拋棄自己的文化傳統，到一個全然陌生的環境中從事一個自己原來全然陌生的行業。他所付出的代價就是把自己族群的語言、文化、習俗、認同都丟失了。在此滅族危機下，社會乃至於教育部門，卻未提供任何支援。一九六○年以來，政策對農業部門的擠壓，使客家農民生計困窘，只有流向工廠，又受到資方種種不合理的待遇，卻在政治專制的桎梏下，無法組織工會，起身爭取應有權益。不論鄉村都市，高度工業發展下，客屬生存環境日益惡化，一旦遇上天災地變，更是雪上加霜，而又投訴無門。

　　弱勢族群為求適應當代社會，所付出的代價是這麼的大，重重困境卻除了客屬自身覺醒和奮起，力

圖改革外，別無他法。為喚起族群意識，要有客家認同運動。為挽救客語流失，要有還我母語運動。為爭取農民、勞工權益，要有農運工運。壓制農工組織發展的，是專制的政府，於是要有民主運動。環境日益惡化，非要有環保運動來捍衛家園不可。這些社會運動乍看是對主流社會的反抗，但反抗其實也是適應的一種方式。「反抗」對弱勢族群而言，是表達自己的一種不得已的方法，以促使強勢族群瞭解甚而接納其主張。客家人過去迄今的一些反抗行動，不外乎是對主流或強勢社會做出無奈的表達，但表達是否被強勢族群認同接受則倒不一定。所以，若是能了解客家人為何要抗爭的背景，就較能以溫情和敬意的態度看待客家人自力救濟的抗爭行動。

為爭取農民權益，農運遂告誕生。圖為一九八八年五二○抗爭時期，苗栗縣之遊行隊伍。

二二八事件致使客家意見領袖：桃園吳鴻麒，六堆葉秋木，花蓮張七郎等遇害。

從日本時代開始客家人就有許多這樣的抗爭。尤其在日人將樟腦嚴格專賣以後，日籍商人幾乎獨佔樟腦利益，因此發生許多反抗事件，包含新竹北埔蔡清琳的反抗運動、客家人和賽夏族在南庄也有二次聯合抗日的「南庄事件」，都是與樟腦利益有關的抗日行動。再者在苗栗地區有農民組合反抗事件，這是一九二〇年代，社會主義思潮由日本傳到台灣後，引發的抗爭行動，他們認為為什麼農民生產的農產品要經過「菜蟲」的轉銷、層層的剝削才能賣到外地去，為什麼不能自己經營一個「組合」，也就是我們現在所說的生產合作社，壓低生產成本、聯合運銷，建立自己銷售的通路和管道。但這個自主性的行動被日本人很嚴厲地壓制，主事者趙港、劉雙鼎等被監禁殺害。因為日本人非常需要台灣農產品的經濟利益累積自己帝國的資本。所以苗栗的「大湖事件」和「永和山事件」雖然都失敗了，但留下了客家人勇於反抗不合理體制的見證。

另外，羅福星也是客家人，農民組合反抗事件代表的是社會主義思潮的影響，羅福星代表的則是辛亥革命以後的思潮，為響應中國成為民主共和國家，羅福星來台宣傳反日革命，不幸被捕遇難。他激發了稍後詹墩、賴來的東勢起義，以及苗栗大湖張火爐事件，這些都代表了客家人反抗日本政權的決心。

到了國民政府時代，二二八事件對客家人的影響主要在於幾位客屬政治上的意見領袖慘遭殺害。反是之後五〇年代白色恐怖時期（一九四九至一九五五）的清鄉逮捕行動中，一般客家民眾受到的牽累較大。五〇年代許多的客家民主人士，因國民黨的逮捕行動逃往桃竹苗山區，其實他們並不是共產黨，也不是台獨份子，只是對國民黨當局有批評意見，其中不少都是相當優秀的知識份子，而桃竹苗地區一些基於同是客家人之誼，收留這些反抗份子一餐一宿的人也同樣遭受逮捕。所以五〇年代的政治犯中，客家人竟佔了三分之一，超過二

千六百人，遠高過客家人在台灣的比例。當時的涉共案子也有甚多與客家人有關，如作家鍾理和的哥哥鍾浩東當時是基隆中學的校長，他在基隆中學召開讀書會，慷慨陳詞批評國民黨的一些作為，讀一些社會主義的書籍，發行地下刊物《光明報》，這份刊物發行到台大時被家長檢舉密告，於是整個光明報系統的人都被逮捕，鍾校長也被槍決。總之客家人在整個白色恐怖活動中付出很大的代價，其中有許多人，如江添進、黃鴻開等都是台灣民主的先聲。

一九六〇至七〇年代，在政治高壓下，客家人仍致力於民主運動。如一九六五年，客屬魏廷朝因與彭明敏聯合發表自救宣言被判刑入獄。一九七七年桃園中壢發生選舉舞弊案，警民衝突，是為「中壢事件」。被打壓的黨外人士許信良當選縣長。一九七九年許信良率百餘人遊行聲援余登發，為戒嚴以來首次遊行。

解嚴前後蔣經國執政的時代，客家人在族群、語言、勞工、農業、環保各方面的問題瞬間爆發出來，所以發生了很多社會運動，前面曾提過一九八八年還我母語運動，一九八七年底還發生了很重要的果農運動。

台灣從事畜牧業如飼養豬、牛的大部分是福佬人，他們一向較易於從政府部門獲得奧援，如政府查緝污染水源，他們就相應得到水污染防治設備的補助等。許多肉商在政府部門有影響力，也有民代做他們的喉舌，如肉產品管制，禁止進口肉品等，保障他們的市場。但台灣果農多數都是客家人，從北到南一路算來，新竹的柑橘農，苗栗的草莓及梨子，卓蘭、東勢一直到南投國姓、信義鄉的枇杷、葡萄、蘋果、梨等，還有彰化縣七界內的葡萄，嘉義縣中埔、大埔楊桃種植區中，有許多都是日本時代前往開墾的客家果農，以及高屏的蓮霧農等。但果農在公部門的聲音是很弱勢的，他們的權益也一直遭到忽視，那個年代雖然還沒有WTO，但他們仍必須擔憂國外水果進口的問題。台灣本來就不屬溫帶，溫帶水果的栽培成本一定較大，物價又一直上升，勞工薪資也必須上漲，所以無法壓低成本，進口的水果一定量大、便宜、品質又好，所以開放水果進口對本地果農業是很大的打擊。一九八七年開始，端賴水果種植為生計的東勢地區首先發難，成立「農民權益促進會」，並促成南北各地成立友會，組成聯盟。八七

台灣的政治版圖從來就不是族群版圖，不論何時，執政與在野陣營都有客家人位居高層。畢生堅持民主理念，已走入歷史的魏廷朝是楊梅埔心的客家子弟。

自一九八七年起，端賴水果種植為生計的東勢首先發難組織農運。而林豐喜立委（右）當時就是農運領袖。

年底到八八年四月間，就至少有三次各地果農串連，走上台北街頭之抗議事件，不斷向政府陳情施壓，雖然沒有什麼成效，但每次參加的人數都比前次更多。

但在一九八八年五月二十日的那次遊行，雲嘉南農權會也加入行列。他們是糧食農或畜牧農，和果農面對的問題不同，比較急切地想推翻國民黨的執政，故主張激烈手段。民進黨新潮流介入雲嘉南農權會的運作，政治力量使得抗議事件更為複雜，最後造成台北街頭超過一晝夜以上的警民混戰，一百多人掛彩，就是所謂的「五二〇事件」。事後不久，該年六月舉行農盟成立大會，會場上東勢、高屏、新竹果農與雲嘉南農權會方面談判破裂，雙方以大打出手收場。因為民進黨介入此次事件，希望將此事操作為民進黨反抗國民黨政府的一個象徵，但卻破壞了果農的農運，果農的運動成績被政治力量吸納收編，只捧紅了幾個現在的政治明星，果農的訴求卻沒有獲得回應，反而因為國民黨政府對「五二〇暴民」的反撲，農民被打被關，失去了抗爭信心，運動遂告解體，進口水果隨後迅速攻佔台灣市場。

在一九八七年農運剛開始時，有一次全國農民代表的集會「興農會議」，那次集會令人印象深刻的是，不僅是桃竹苗的農民代表是客家人，其他地區的代表也多是客家人；台中的代表是東勢地區的客家，嘉義是由中埔、大埔地區的客家人代表，高雄、屏東來的也是客家人，好不容易雲林代表出現，以為這個地區應該是由福佬人出席，但結果還是崙背那邊的客家人。這表示，在農運的參與上比較積極的還是客家人。這是因為福佬人轉行的機會比較高，如果種田不成，還可以做個小生意，或從事其他的行業，但客家人就不然，他們擁有的土地無論靠山或靠海，都是發展前景較差的地方，所以如果農業生計都沒了，就沒有什麼辦法可以生存了。他們就是純粹的農民，不像福佬人，田地如果在都市附近，還可以把地賣了，蓋房子賺錢。但客家人發展機會很小，如果不務農，別無謀生之道。

日本時代客家人的處境也是如此，許多中產階級請願活動，如成立台灣人自己的議會、選自己的民意代表，組織政黨等，都是福佬人在做，如台南蔡培火，宜蘭蔣渭水等，但客家人從事的是農民組合運動。從這裡可以很明顯地看

出客家人其實是很嚴守農民立場的。

台灣的工運最早也是由客家人開始的，一九八四年勞基法實施，勞工爭取權益有了法源。一九八五年新玻苗栗廠資方侵吞員工存款後潛逃，勞工們自主接管工廠營運，卻因違反戒嚴法紛紛入獄。八七年解嚴後，一時間工運蜂起。新竹新埔遠東化纖工廠的罷工運動成員幾乎都是客家人，那次採取的是就地罷工的方式，大家都站在機器前面，但不動工。這次罷工算是台灣解嚴後的第一次工運，之後還有竹東橫山亞洲水泥、桃園客運罷駛，八八年苗栗客運、頭份國塑、華隆石化廠、台鐵的司機罷駛事件等。反抗並不表示這些勞工就是不合作，缺乏協調性，他們是被逼得沒有辦法，如薪資和年終獎金過低，薪水計算方式不公，工時過長而工作負擔太重，加班費積欠或是員工福利、退休權益沒有獲得保障等。這些事情在戒嚴時期大家都默默忍受，但在這多次運動之後，具有實質功能的工會終於產生。遠化和亞泥的工會幹部羅美文、黃文淵等後來成為一九八九年工黨成立時的重要份子。不久，工黨因理念不同而告分裂，羅美文等另組勞動黨。也有些工運領袖未加入政黨，如桃客的曾茂興只參加自主工聯。

工運在八九年以後也一蹶不振，一方面資方釜底抽薪，乾脆開除活躍的工會幹部，使其失去舞台，生活困頓。一則夏潮和民進黨新潮流的角力也促成工黨、勞動黨的分道揚鑣，內鬥一再消耗了實力。而桃竹苗能成為工運的發祥地，和這裡大工廠集中、社區居民大多數為同一廠員工等，都有關係。

一九九八年至二〇〇〇年間與客家工運相關，而較特出的應是中華電信的抗議事件，其員工不少是客屬。中華電信在民營化後發生許多問題，包含員工配股、退休制度等。中華電信號稱釋股到民間，但其實最後股票還是被財團買去，美其名是民營化，但實質上是財團化。在財團化的過程中，不但一般老百姓眼睜睜地看著政府公產被盜賣、賤賣給財團，對中華電信的員工造成的損傷也很大，因此接二連三有些抗爭行動。不過令人感慨的是，之前許多工運團體活動時，中華電信的員工並未聲援，只固守自己的本位，但等到自己權益受損後，才開始後悔之前的行為，所以這幾年中華電信的工會對於其他團體的活動都相當支持。

公家機關勞工中常見客屬，他們也不乏成立組織爭取勞工權利。圖為中鋼客家聯誼會的活動情形。

●環保運動
捍衛家園新義民 客家的環保抗爭

新竹頭前溪流域土地被政府低價徵收，未經居民同意就動工，引發沿岸客家人抗爭。

客家人居住的鄉村，環境保護上遇到的問題也很多。如桃園觀音鄉就常成為台北都會的垃圾場，許多廢棄物，不管是光明正大地倒或偷倒，都運往那裡，將原本美麗的家園弄得滿目瘡痍，污染土壤和水源。一九八四年觀音鄉更爆發高銀化工廠重金屬廢水排放污染稻田事件，造成可怕的鎘米流入市面。還有砂石業盜採砂石等問題。

客庄很多都面臨這樣的困境，新竹關西小小一個鎮內竟然有八個高爾夫球場。台灣高爾夫球場大約一百家上下，幾乎一半集中在桃竹苗，一方面是因為它離台北、台中都會區很近，二方面它位在丘陵區，地形適合。但高爾夫球場對環境影響很大，建場時整地砍樹嚴重破壞水土保持，種植草坪又需要佔用大量的水，維護草坪又要噴灑大量農藥。所以桃竹苗地區高爾夫球場那麼多，環境負擔實在很大，新竹縣又尤其嚴重。除此之外，關西還有農藥廠、陶瓷廠等，污染壓力很大。一九九三年，新竹縣環保協會相當努力地為此事奔走，但最後只有一家名為「鄉村」之高球場因此而關閉，其他都就地合法了。一九九四年底，這個環保協會也因為內部人事糾紛，與前來支援之學生也相處不好，選舉失敗，無法在當地立足而解散，所以這個運動最後是失敗的。桃園觀音鄉也是如此，許多老師、村幹事組成了自救會，但除了喚醒社區意識外，真正的問題多年來都無法解決。也有些地方面臨要改建成遊樂區的困境，如宜蘭的雙

以一邊陲小鎮長期對抗國家機器，是美濃人迫於形勢，只有起而相抗的無奈。

連埤（福山植物園入口附近）一九九二年時被規劃成遊樂區，許多當地居民開耕耘機到縣政府前抗議，還有一位八十多歲的羅日水老先生說，只要開成遊樂區，他就跳雙連埤自殺，因為這裡是他們辛苦開闢，有他們感情、記憶的家園，要把家園連根剷除，他們都很不願意。所以在強力抗爭下，後來雙連埤並沒有被開成遊樂園。

另一方面，南台灣面臨的是水資源的問題。為了提供幾個大企業如六輕、七輕、八輕、濱南工業區等充份的水資源，也就是從雲林、嘉義到台南沿海的幾個石化、鋼鐵大工業區，他們需要用大量且乾淨的水，因此南台灣幾條可以用來供應民生用水或農業用水、可以永續利用的河川，早晚都會成為工廠的供水機。但這對南部民眾的危害很大，尤其美濃水庫的興建，讓居民的安全產生極大的問題。

這個水壩要建在距旗山、美濃平原十二萬居住人口只有一千五百公尺的地方，當地的土質非常鬆軟，日本時代就曾勘定為不適合建水庫的地區，因此日本人改到美濃上游六龜鄉沿荖濃溪造林，放棄水庫的計畫。近年來還發現此地有幾條活動斷層經過，此次九二一大震，即使不在斷層帶上的台中石岡仍造成崩塌。土質鬆軟加上斷層帶，大壩水面高出美濃聚落一四七公尺，旗山、美濃都在大壩腳下的封閉谷地內，若發生地震造成崩塌，此地居民簡直有如甕中之鱉，無處可逃，旗山、美濃都會消失。所以最後就成為一個居民與官方拉鋸的問題，國民黨執政時期力圖興建美濃水庫，民進黨執政後雖反對建水庫，但近來

美濃反水庫運動牽涉南台灣水資源永續利用或竭澤而漁的抉擇，是全民關注的議題。

在野各黨表示支持水庫興建，所以仍然是一場未完成的戰爭。

南台灣的水是幾百萬居民未來要永續利用的，為了財團的需要就把水攔起來，提供企業這麼多資源，利潤回收能有多少，企業賺飽之後，能否永遠根留台灣，也是頗有疑問的。美濃水庫的抗爭是環保運動中，自一九九二年迄今一直被注意的，這與客家人的愛鄉情懷有關。

一九九九年九二一地震後，災區無論從卓蘭、東勢到南投國姓，及埔里、中寮的郊區，其實很多都是客庄，他們在地震後都面臨了很多新的問題，他們的聲音也不一定容易被外面的人聽到，災區組織的災區聯盟曾兩次上台北陳情，但消息都很少被報導，他們有許多問題都不能解決，如申請補助、貸款不被通過，還有就學、就業、居住等問題。地震地區的社區工作者，無論是本身就是在地人或是九二一後由外面進來的人，都在努力尋求一個出路，這在工農學運之外，或許可以被稱為是震運，是弱勢族群另一個自力救濟的例子。

雖然政府高層中有不少客家，但我們還是要強調民間的力量，因為只有民間的力量才直接與客家人的利害與需要相連結，和環境、土地、社區都較有關係。政府高層的客家人士只覺得按客家人口的比例，政府應該給客家人一個酬庸的位置，與政治領袖的關係居於被動的狀態，也不一定會為客家人做些事情。但客家族群應可以靠自己做，憑藉自己的力量達成，並不一定要依賴上級關愛的眼神；團結產生民意對中央施壓、促成改革，這比把幾個政治人物捧上檯面要重要得多。

「客」骨銘心、「客」不容緩，九二一週年祭全國客家高峰會文宣。

在當地耆老羅日水（圖左）不惜以死相抗的帶動下，宜蘭雙連埤聚落並未徵收成為遊樂園。

結語

　　台灣民眾乃至學界對於台灣客家人的看法有「四大迷信」。這些迷思，連客家人自己都十分相信。

　　他們相信，客家人：一、來台晚，二、來台人數少，三、平地先被佔了，所以只好去住山區；四、因為以上三大劣勢，所以客家人每成統治者的幫兇，以求自保。順著這個思路下來，客家人是台灣主體意識及國族打造運動中的「敵體」，是障礙、是台奸，客家義民信仰的熾熱即為最好的證明。因此，在台灣歷史中，客家的角色是邊緣的，一如客家語言對於台灣多數人來說，是不可理解，也不需要被理解的邊陲……

　　既然是邊陲，也就被視作「他體」，一個跟建構台灣新國族無關甚至不相容的他體。充其量是標榜一大三小的「四大族群」口號下，一個政治花瓶，裝飾著新興統治階級的正當性。而後，每年撥些經費、發送糖果，給這些以客家自詡的樣板團體，讓他們為了爭奪這有限的公部門資源，吵成一團，自相傾軋……。

　　客家論述的興起、族群的界定，本有社會歷史發展的脈絡可循。就像那些清初就遠走四川的嘉應州移民，壓根不知客家為何物，在巴蜀新鄉，他們用「廣東人」自稱，以「廣東話」標記所說的語言，連會館也僅以廣東為號。清中葉以降的粵省土客械鬥，廣府人和嘉應人的血債釀成世仇，廣府人以犬字偏旁蔑稱客家，才激發客家人自我界定及客家論述的產生。羅香林的開山之作，並非告訴世人，只有客家是中原漢人之後，而其他南方人不是漢族。他所要說的，反而是透過崇正同人宗譜，力陳客家人和華南其他漢人相比，來歷上並無不同之處。然而，隨著客家意識不斷的膨脹誇張，羅氏的本意也遭到曲解，眾多客家論述打著羅氏旗號，重複抄襲只為謀求一個補償心理，告訴這個在政經社會每方面都弱勢的民系，他們的祖先是偉人輩出、血統純正的中原貴冑，因此他們其實高人一等。乞丐與王子，一線之隔，滿足了弱勢族群長久的想望，造就自大又自卑的兩面性格。

　　原本客家論述，淹沒在稍後的日本侵華、國共長期對峙的時代大變動裡。不意近二十年來，「客家」又受到了關注。於台灣，它是新國族打造過程中陪襯的花瓶，以顯示新統治階級追求平等公義的表象。在中國大陸，它是改革開

放以後，為爭取海外華人赴陸投資，增加商機所打的一張牌，在這樣的背景裡，客家活動旺盛、客家論述復甦，客家得到越來越多的關注……。

然而，這種關注是熱絡的，卻也是危險的、不可依恃的。終有一天，當台灣政客們發現客家是所謂關鍵少數，倒向哪邊，哪邊就勝選的想法根本不切實際；當他們發現所謂客家票源云云，根本不存在；當新的國家機器打造完成，四大族群一如當年的五族共和，除了最大的群體之外，其他的小眾已無利用價值，盡皆可拋。莫說世上無此先例，阿拉伯人和柏柏人合力驅逐法國，建立阿爾及利亞後，阿拉伯人回頭壓迫柏柏人。辛哈拉人和塔米爾人一起掙脫英屬，建立斯里蘭卡，辛哈拉承諾的塔米爾人自治和語文平行並用均未實現，雙方至今爭執未休。請別忘記，柏柏人和塔米爾人在他們新國度裡的人口比例，都在百分之十五上下，這正接近台灣客家的數字。一個族群不能發現自身存在的價值，只依靠別人的養分餵給，必將因人棄而後自棄。

人棄，而後自棄。相對地，自重，而後人重。台灣客家欲求自重，四大迷信首先就應破除。在這本書裡，我們不避冗贅，例舉說明台灣今日的語言面貌，是不斷變動的結果，不能說現在講客家話的不多，就以為漢人移台以來，情況一直都是如此。若再考慮漳州移民的隊伍裡，也始終不乏客家，那麼來台晚、人數少、不住平原住山上的想法自可不攻而破，除非你認定桃竹苗種茶唱山歌的廣東移民才算客家，而那些遍布台灣平野的「福佬客」、「漚客仔」你都視而不見，哪怕他們廳上供著祖先名諱見陽的大牌、院裡安著天公座、正月十六就開始掃墓卻不做忌、祭祀用牲禮而不用菜碗、出了村口沒有五營……。

同樣地，統治者幫兇之說也是毫無根據。朱一貴被杜君英內訌拖垮，但杜君英也是福佬，而非客家。林爽文深得中寮詔安客家幫助，嘉義大林庄潮惠客家居多數，因支持林爽文，被清軍破庄屠城。新竹閩客聯軍擊退林爽文，卻只有客家人單方面被台灣史學界責備。客屬有「褒忠」之旌，助清的福佬人也得「嘉義」之名呀！何以獨責褒忠而不見責於嘉義呢？屢屢「平亂」的新港社、岸裡社平埔族得到無數封賞和墾地特權，怎麼也不被當成台奸呢？捲動南台灣的張丙更是漳州客屬。日治以至國府，客家人從農民組合到白色恐怖時期的奮鬥、突破戒嚴的民主運動，到隨後的工農環保運動，從未缺席，何來幫兇之有？

再者，由於客家人和台灣其他族群深切的互動，事實上早已很難區隔彼此，和平埔族之於漢人的情況類似。但今天許多民眾已能認同自身兼有漢人與平埔原住民血統，卻尚未接受兼為福佬與客家後裔的認同。亦即在新國族打造運動中，把平埔身分納為台灣漢人身分的一部分，是藉此強調自己和中國的區

隔，有利於國族運動發展，因此，平埔血統被看做台灣人的「自體」組成份子，而客家身分的確認，往往不免回溯至中國移民，顯現了兩岸的聯繫，因而仍被當成台灣文化邊緣的「他體」，而非自體的一部分。

　　然而，承認台灣多數人同時具有福佬與客家後裔身分的事實，固然擾亂了政治上國族建構的藍圖，卻也是台灣客家自尊自立的開始。客家族群應該體認，我們是台灣歷史文化中「自體」的一部分，而非邊陲。北起三芝海岸，南達恆春半島，眾多說福佬話的客家後裔昭示著台灣多數族群和客家人密不可分的關係。尊重客家即是尊重自己，唯有明白我們是「自體」，而非他物，才不至於落入自憐自艾的窠臼。要別人來照顧這個弱勢族群，靠著別人釋出的資源過活，卻不知道政府部門是個龐雜的科層組織，只能作為資源的管理和分配者，並不能成為族群文化的闡護和發揚者。源頭活水，在於我們識見的清明以及實踐的堅持。我們不怕自己弱、自己小，且看故宮鎮院之寶——散氏盤、毛公鼎，那商周之世以降，濟濟多少強邦雄藩，而今安在？散、毛二國如此之弱小，用心鑴刻的作品，卻跨越時空，為人所欣賞。我們此刻肯定自己，勇敢邁出每一步，用心做好每件事，積累出多面向有物有格的客家文化，自然蘊生含藏的曖曖光芒，將如同散氏之盤、毛公之鼎，數千載後，猶留後人細說從頭！

新一代的客家孩子，請記得長者的關懷與期待，敞開心胸迎向未來。

圖片作者（提供者）索引

廖正雄　　84右上

廖倫光　　96左

廖淑貞　　61‧62

潘進茂　　86左下

鄧博仁　　81左1‧140下

鄒文良　　72‧73左下‧73右下‧74‧75‧76‧77‧90左‧109‧123下

顏志文　　122右

賴旭貞　　94左上‧94下‧126左

戴統榮　　45左

鍾肇政　　91左上

公共電視　　87右

客家雜誌社　　122左下‧139右‧142‧143‧147‧151‧152‧153‧154

前衛出版社　　91‧92

誌謝

王計潘、王甫昌、古秀如、石　磊、江孟雲、江瑞潤、池永歆、吳玉珠、吳昆
山、呂誠敏、李允斐、李忠哲、李秀雲、李素月、李裕豐、李國銘、李坤錦、林
天蔚、林正芳、林育辰、林孟欣、林美容、林群桓、林彥亨、邱水金、邱萬興、
范國銓、徐先堯、徐登志、張典婉、張振岳、張敏峻、張茂桂、張福普、梁志
輝、莊華堂、許方正、郭增吉、陳永琛、陳進傳、陳康宏、陳雯玲、陳福星、陳
美玲、陳美禎、陳錦煌、彭啟原、曾年有、曾慶國、游瑞琴、絲燕霖、黃大展、
黃卓權、楊長鎮、詹素娟、鄒文良、廖正雄、廖倫光、廖淑貞、劉興正、劉瑞
德、潘安全、潘進茂、潘雯婷、蔡晶晶、蔡建仁、鄧博仁、賴玉玲、賴旭貞、戴
統榮、錢鴻鈞、謝英從、鍾菊慧、鍾肇政、藍博洲、顏志文、羅烈師。
中央電影公司、公共電視、前衛出版社、宜蘭縣史館、客家雜誌社、美濃愛鄉協
進會、財團法人國家文藝基金會。

（先列個人‧次列單位‧按姓氏、名稱筆劃排列，敬稱從略）

台灣客家地圖　**The Map of Taiwan Hakka**

作者　邱彥貴 吳中杰

美術設計　徐璽設計工作室

主編　王思迅

責任編輯　張海靜 黃琪雲

發行人　郭重興

出版　貓頭鷹出版社

電話　(02)2356-0933

發行　城邦文化事業股份有限公司

地址　台北市信義路二段213號11樓

網址　http://www.cite.com.tw

電話　(02)2396-5698

傳真　(02)2341-9818

郵撥帳號　18966004

公司　城邦文化事業股份有限公司

香港發行所　城邦(香港)出版集團有限公司

地址　香港北角英皇道310號雲華大廈4字樓504室

電話　(852)2508-6231

傳真　(852)2578-9337

新馬發行所　城邦(新馬)出版集團

地址　Penthous 17, Jalan Balai Polis, 50000 Kuala Lumpur, Malaysia

電話　(603)2060833

傳真　(603)2060633

印刷　成陽印刷股份有限公司

出版日期　2001年5月 初版

定價　380元

ISBN　957-469-445-3

台灣客家地圖 / 邱彥貴, 吳中杰作. -- 初版. --
- 台北市：貓頭鷹出版：城邦文化發行,
　2001[民90]
　　面：　公分

ISBN 957-469-445-3（平裝）

1. 客家
536.211　　　　　　　90006395

Formosa 發現台灣系列
圖文卷

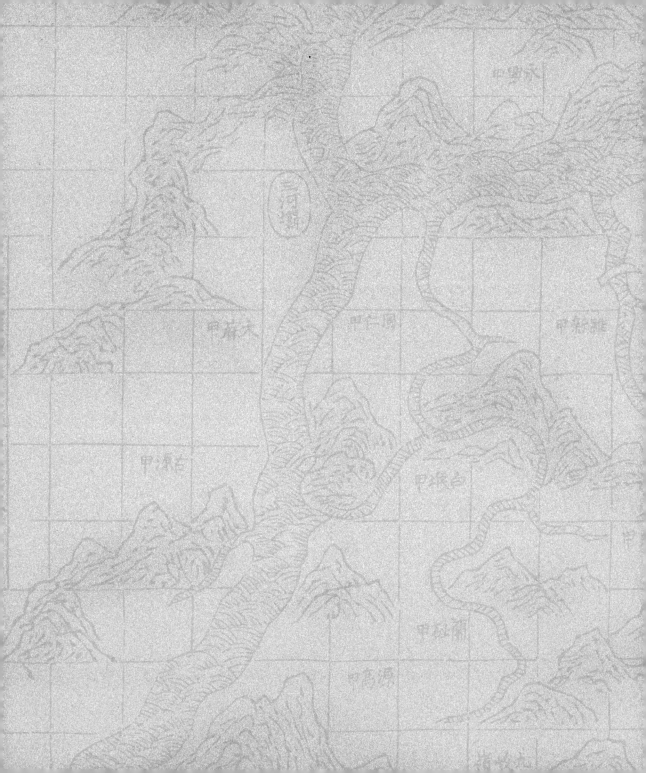

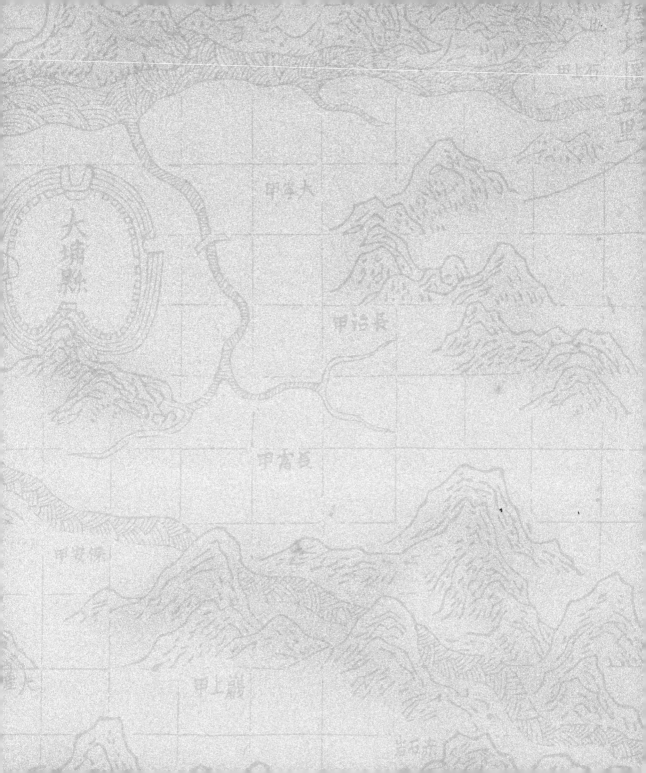

Formosa 發現台灣系列
圖文卷